Duden-Ratgeber

Die richtige Berufswahl

Duden-Ratgeber

Die richtige Berufswahl

Die persönlichen Potenziale ermitteln und den Weg zum Traumberuf finden

Von Dr. Monika Hoffmann
in Zusammenarbeit mit
der Dudenredaktion

Dudenverlag
Mannheim · Zürich

Die **Duden-Sprachberatung** beantwortet Ihre Fragen
zu Rechtschreibung, Zeichensetzung, Grammatik u. Ä.
montags bis freitags zwischen 08:00 und 18:00 Uhr.
Aus Deutschland: 09001 870098 (1,86 € pro Minute aus dem Festnetz)
Aus Österreich: 0900 844144 (1,80 € pro Minute aus dem Festnetz)
Aus der Schweiz: 0900 383360 (3,13 CHF pro Minute aus dem Festnetz)
Die Tarife für Anrufe aus den Mobilfunknetzen können davon abweichen.
Den kostenlosen Newsletter der Duden-Sprachberatung können Sie
unter www.duden.de/newsletter abonnieren.

Bibliografische Information der Deutschen Nationalbibliothek
Die Deutsche Nationalbibliothek verzeichnet diese Publikation in der Deutschen Nationalbibliografie; detaillierte bibliografische Daten sind im Internet über http://dnb.d-nb.de abrufbar.

Bibliographisches Institut GmbH, Dudenstr. 6, 68167 Mannheim

Redaktionelle Leitung: Jürgen Hotz
Redaktion: Dr. Hildegard Hogen
Herstellung: Monika Schoch

Typografie: init · Büro für Gestaltung, Bielefeld
Umschlaggestaltung: Büroecco, Augsburg
Satz: fotosatz griesheim GmbH
Druck und Bindung: Těšínská tiskárna, Štefánikova, 73736 Český Těšín
Printed in Czech Republic

ISBN 978-3-411-75041-2
Auch als E-Book erhältlich unter: ISBN 978-3-411-90287-3
www.duden.de

Inhalt

Sie dürfen wählen
Sich selbst ergründen
In die Arbeitswelt schauen
Wege erkunden
Berufe entdecken
Entscheidungshilfen nutzen
Zu einem guten Ergebnis kommen
Wissen, wo es was gibt

Sie dürfen wählen
Sich selbst ergründen
In die Arbeitswelt schauen
Wege erkunden
Berufe entdecken
Entscheidungshilfen nutzen
Zu einem guten Ergebnis kommen
Wissen, wo es was gibt
Sie dürfen wählen
Sich selbst ergründen
In die Arbeitswelt schauen
Wege erkunden
Berufe entdecken
Entscheidungshilfen nutzen
Zu einem guten Ergebnis kommen
Wissen, wo es was gibt
Sie dürfen wählen
Sich selbst ergründen
In die Arbeitswelt schauen
Wege erkunden
Berufe entdecken
Entscheidungshilfen nutzen
Zu einem guten Ergebnis kommen
Wissen, wo es was gibt
Sie dürfen wählen
Sich selbst ergründen
In die Arbeitswelt schauen
Wege erkunden
Berufe entdecken
Entscheidungshilfen nutzen
Zu einem guten Ergebnis kommen
Wissen, wo es was gibt
Sie dürfen wählen
Sich selbst ergründen
In die Arbeitswelt schauen
Wege erkunden

Die richtige Berufswahl

Sie dürfen wählen

Ihr gutes Recht

Sie sind ein gutes Stück vorangekommen in Ihrem Leben und nun an einer entscheidenden Stelle angelangt: Sie können frei wählen, welchen Weg Sie gehen möchten. Kein Mensch kann Ihnen sagen: »Du machst jetzt dies oder das.« Sie allein bestimmen, wie es weitergehen soll. Das ist eine Freiheit, die noch gar nicht so lange selbstverständlich ist und die man nicht hoch genug schätzen kann. Jetzt geht es darum, diese Freiheit zu nutzen.

Informationspflicht

Wie jedes andere Wahlrecht ist auch die Berufswahl an eine Pflicht geknüpft: an die Pflicht, sich zu informieren. Wählen können Sie schließlich nur, wenn Sie wissen, was zur Wahl steht. Sonst landen Sie höchstens Zufallstreffer. Darauf sollten Sie es nicht ankommen lassen, denn es geht ja um etwas sehr Wichtiges: um Ihr persönliches Glück. Das nehmen Sie besser selbst in die Hand. Dieses Buch wird Ihnen helfen, die Informationen zusammenzutragen, die Sie brauchen, um eine kluge Wahl zu treffen.

Sie, Berufe, Hilfsmittel

Berufswahl ist eine sehr komplexe Wahl, weil es so viel zu bedenken gibt. Sie müssen über sich selbst nachdenken, damit Sie Ihre Stärken, Schwächen und Wünsche benennen können. Sie sollten sich einigermaßen mit Berufen auskennen, damit Sie ein Ziel finden. Und schließlich sollten Sie wissen, welche Mittel Sie nutzen können, um zu einer Entscheidung zu gelangen.

Das Programm

Bausteine

Im ersten Kapitel geht es ausschließlich um Sie. Im zweiten Kapitel schauen Sie ins Arbeitsleben und machen sich mit den wichtigsten Begriffen vertraut. Im dritten Kapitel erkunden Sie die Wege in den Beruf. Das vierte Kapitel zeigt Ihnen, wie groß die berufliche Vielfalt ist. Sie können 15 Tätigkeitsbereiche überfliegen und dabei sehen, wo Sie landen möchten. Im nächsten Kapitel geht es um die Entscheidungshilfen, die Ihnen zur Verfügung stehen. Danach wird das Entscheiden an sich thematisiert: Wie kriegen Sie es so geregelt, dass Sie sich mit dem Ergebnis rundum wohlfühlen? Zum Schluss sind in einer Übersicht die Veröffentlichungen und Internetseiten beschrieben, die Ihnen besonders gute Dienste erweisen.

Leseweisen

Jedes Kapitel beginnt mit einem Ausblick auf den Inhalt. Sie können in einem ersten Durchgang das Buch in zehn Minuten lesen, indem Sie von Ausblick zu Ausblick gehen. Danach können Sie jeweils das herausgreifen, was Sie gerade am nötigsten brauchen. Der Rest ist später dran.

Sie als Koautor

Sie arbeiten am intensivsten, wenn Sie sich als Koautor betrachten. Schreiben Sie mit an diesem Buch und (wenn es nicht gerade aus der Bibliothek geliehen ist) auch in dieses Buch. Es enthält nämlich so viele Fragen, dass es mit dem reinen Lesen überhaupt nicht getan ist. Hier ist Mitdenken und Weiterdenken gefragt. Das geht oft am besten mit einem Stift in der Hand. Machen Sie Kreuzchen, Notizen, Verweise. Schreiben Sie Ihre Gedanken dazu. Denken Sie daran: Ziel ist nicht ein unbeflecktes Buch, sondern eine kluge Berufswahl. Die ist ein hartes Stück Arbeit, und die darf man ruhig sehen.

Mann, Frau, eins für alle

Jeder Beruf für Männer und Frauen

Jeder Beruf steht allen offen, die ihn ausüben wollen und können. Es gibt keine Berufe *nur* für Frauen oder *nur* für Männer. Also gilt alles, was über Berufe gesagt wird, jeweils für beide Geschlechter. Trotzdem steht im Text immer nur *ein* grammatisches Geschlecht, und zwar das männliche, zum Beispiel *der Maler*. Das hat einen praktischen Grund: Die männliche Form ist kürzer als die weibliche. Eine durchgehende Doppelung der Formen – *der Maler oder die Malerin* – wäre umständlich, deshalb wird darauf verzichtet. So ist der Text einfach, und das erlaubt es Ihnen, sich ganz auf die Inhalte zu konzentrieren.

Zu guter Letzt

Zeit für Zukunft

Noch ein Tipp zum Schluss: Nehmen Sie sich genug Zeit für Ihr Programm zur Berufswahl. Je umsichtiger Sie vorgehen, desto größer ist die Wahrscheinlichkeit, dass Sie in einem Beruf landen, der zu Ihnen passt. So haben Sie die besten Karten für ein erfülltes Arbeitsleben.

Sich selbst ergründen

Worum es in diesem Kapitel geht

Sie möchten einen Beruf finden, der zu Ihnen passt. Im Moment haben Sie es noch mit zwei verstreuten Puzzleteilen zu tun. Je besser Sie sich die Form des einen einprägen, desto leichter können Sie das andere finden. Das erste Puzzleteil sind Sie. Und Ihre erste Aufgabe besteht darin, sich selbst zu erkennen. Längst passiert, können Sie nun denken, schließlich bin ich mit mir groß geworden. Das ist richtig. Doch erfahrungsgemäß lässt man sich im Alltag sehr stark von außen bestimmen: von den Menschen um einen herum, von Schule oder Arbeit und vor allem von der Routine. So kommt es, dass man sich selbst gar nicht unbedingt als entscheidende Persönlichkeit wahrnimmt. Das erfordert nämlich einen bewussten Akt: Man muss stehen bleiben, Fragen stellen und Antworten suchen. Dieses Kapitel zeigt Ihnen in fünf Schritten, welche Fragen Sie weiterbringen.

1) Die Frage nach Ihren Fähigkeiten

Ihre Stärken

Im ersten Schritt analysieren Sie Ihre Fähigkeiten. Die gehen weit über das hinaus, was Ihnen in Schulnoten bescheinigt wird. Also gilt es herauszufinden, was tatsächlich in Ihnen steckt.

2) Die Frage nach Ihren liebsten Beschäftigungen

Ihre Vorlieben

Im zweiten Schritt schauen Sie auf das, was Sie gerne tun. Das kann ein dominierendes Hobby sein, aber auch ein eher unscheinbares Vergnügen. Auf jeden Fall ist zu überlegen, was Sie davon mitnehmen in den Beruf.

3) Die Frage nach Ihren Erwartungen an den Beruf

Ihre Erwartungen

Der Beruf ist wichtig, aber nicht alles. Er muss mit den anderen Lebensbereichen harmonieren, so etwa mit der Familie und den persönlichen Schwerpunktthemen. Deshalb denken Sie im dritten Schritt darüber nach, was Ihr künftiger Beruf für Sie leisten soll und was Sie Ihrerseits für Ihren Beruf zu leisten bereit sind.

Ihre Einschränkungen

4) Die Frage, was gar nicht geht
Im vierten Schritt überlegen Sie, was für Sie nicht infrage kommt. Dazu nehmen Sie sich Ihre Abneigungen vor und trennen die leichten, die Sie überwinden können, von den schweren, die sehr tief sitzen. Außerdem setzen Sie sich ehrlich mit Ihren Einschränkungen auseinander. So vermeiden Sie, dass Ihr künftiger Beruf zur täglichen Qual oder zur Enttäuschung wird.

Gesamtbild

5) Die Frage, wie das zusammenpasst
Zum Schluss kommt die spannende Frage, wie Ihre Antworten zusammenpassen. Sie werden verschiedene Kombinationen testen und vielleicht auch einige Überlegungen erneut auf den Prüfstand stellen. Dabei merken Sie, was Ihnen wirklich wichtig ist. So bringen Sie Wünsche und Gegebenheiten in ein haltbares Gleichgewicht.

Was kann ich gut?

Mehr, als die Noten zeigen

Als Schüler sind Sie daran gewöhnt, dass Ihre Leistung in Noten bewertet wird. Noten prägen den Schulbetrieb; manchmal verdrängen sie sogar die Inhalte. Deshalb kann man leicht übersehen, dass Noten immer nur einen kleinen Teilbereich dessen erfassen, was Schüler tatsächlich können. Denn das wahre Leben spielt eben nicht nur in der Schule, sondern auch anderswo: Sie werden zu Hause mithelfen und in Ihrer Freizeit Ihren Hobbys nachgehen. Sie verbringen Zeit mit Freunden und Bekannten; möglicherweise sind Sie gesellschaftlich engagiert. Und vielleicht haben Sie neben der Schule oder in den Ferien auch noch einen Job. All diese Bereiche sind zu durchforsten, wenn es um Ihre besonderen Fähigkeiten geht. Die Mühe lohnt sich, denn Sie werden Talente und Stärken finden, die Sie nie als solche beachtet haben. Jetzt ist es an der Zeit, Buch zu führen.

Lebensbereiche, die Sie sich ansehen sollten

Mit dieser Betrachtung können Sie gut einmal abends im Bett anfangen: Überlegen Sie am Ende des Tages, wo Sie überall mitgewirkt haben. Die folgenden Punkte können Sie als Grundgerüst nutzen.

1) Schule

Schule machen

In der Schule beteiligen Sie sich am Unterricht. Sie steuern Ihre Gedanken bei und fördern das Zusammenspiel der Gruppe. Sie schreiben Arbeiten unter Zeitdruck, und Sie bereiten sich in Eigenregie darauf vor. Sie bewältigen große Mengen Stoff und springen dabei von einem Thema zum anderen. Alles in allem: Sie bieten eine ganze Palette von Leistungen, auch solche ohne Noten. Denken Sie zum Beispiel an die folgenden Situationen:

- Können Sie das, was Sie lernen, gut im Alltag umsetzen?
- Können Sie Themen aus verschiedenen Fächern miteinander verknüpfen?
- Können Sie im Unterricht kritische Situationen entschärfen?
- Können Sie sachlich sagen, was Ihnen nicht passt?
- Können Sie gut in einer großen Runde sprechen?

In so einem weiteren Blickwinkel betrachtet gibt die Schule viel mehr her als das, was sie in Zeugnissen bescheinigt.

Noten ungenügend

Noten werden oft überbewertet. Sicherlich, sie zeigen Tendenzen. Sie ergeben außerdem den Durchschnitt, der in manchen Studienfächern auf den Numerus clausus trifft. Und doch spiegeln sie nichts weiter als den Wissensstand zu einem bestimmten Zeitpunkt. Wissen jedoch ist nicht gleichzusetzen mit Erkennen und auch nicht mit Können und mit Fähigkeiten. Somit sind Noten nur beschränkt aussagekräftig und als alleiniger Wegweiser für die Berufswahl ungenügend.

Im Heimspiel punkten

2) Zuhause

Zu Hause sind Sie mit verantwortlich für ein gelingendes Familienleben. Das beruht immer auf Gegenseitigkeit: Einer macht dem anderen das Leben etwas leichter. Was genau tun Sie?

- Kümmern Sie sich um jüngere Geschwister? Passen Sie auf sie auf? Haben Sie ein offenes Ohr für ihre Sorgen? Helfen Sie ihnen bei den Hausaufgaben? Übernehmen Sie die Verantwortung bei gemeinsamen Aktivitäten?
- Versorgen Sie Haustiere? Wissen Sie über deren Verhaltensweisen und Bedürfnisse Bescheid? Kümmern Sie sich auch dann um die Tiere, wenn sie alt und krank sind? Übernehmen Sie Tierarztbesuche und die erforderliche Nachsorge? Beobachten Sie gerne Tiere?
- Bringen Sie ab und zu eine Mahlzeit auf den Tisch? Dazu gehören das Planen, das Einkaufen (mit Blick auf die Geldbörse), das Kochen (mit Blick auf die Uhr), das Abschmecken, das Eindecken und nach dem Essen das Aufräumen. Machen Sie so etwas gerne? Machen Sie es gut? Haben Sie Spezialitäten wie etwa vegetarisches Essen? Interessieren Sie sich auch für die größere Frage, wie man gut, gesund und umweltverträglich essen kann?
- Führen Sie handwerkliche Arbeiten und Reparaturen aus? Denken Sie ans Tapezieren, Streichen oder Möbelaufbauen. Denken Sie an tropfende Wasserhähne, gluckernde Heizkörper, gerissene Rollladenbänder oder defekte Geräte. Haben Sie einen guten Kopf und ein Händchen dafür, die Dinge zum Laufen zu bringen?
- Gestalten Sie Ihren Wohnbereich? Bringen Sie Ideen ein, wie Zimmer vorteilhaft genutzt werden können? Setzen Sie kleine Dinge mit großer Wirkung ein? Haben Sie einen Sinn für Farben, Formen und Proportionen, für schönes Aussehen insgesamt?
- Sind Sie der häusliche IT-Nutzerservice? Sorgen Sie dafür, dass sämtliche PCs im Haus gut eingerichtet, abgesichert und immer auf dem neuesten Stand sind?

Kennen Sie sich aus mit Programmen und Einstellungen? Helfen Sie anderen, die nicht weiterwissen?

- Kümmern Sie sich um den Fuhrpark der Familie? Denken Sie an Fahrrad, Mofa, Motorrad oder Auto. Sorgen Sie mit dafür, dass die Fahrzeuge fahrtüchtig sind?
- Helfen Sie mit im Garten und rund ums Haus? Denken Sie an Rasen, Hecke, Bäume, Sträucher, Gemüse, Blumen. Behandeln Sie das alles so, dass es wächst und gedeiht?

Multitalent und Management

Hausarbeit galt lange Zeit als Frauensache und war nicht hoch angesehen. Durch diese negative Einstellung ging der Blick auf die eigentliche Leistung verloren: Haus und Familie zu versorgen ist ganz schön anspruchsvoll. Man muss ein wahres Multitalent sein und noch dazu Managementqualitäten mitbringen. Hausarbeit ist übrigens unabhängig vom Geschlecht. Sie betrifft jeden, der in vier Wänden wohnt. Lassen Sie sich also nicht durch falsche Eitelkeit blenden, sondern schauen Sie sich Ihre Beiträge zu Hause genau an. Sie werden in einigen Positionen punkten.

3) Freizeit

Sich freiwillig ins Zeug legen

Wie Sie Ihre Freizeit gestalten, das können Sie mittlerweile selbst bestimmen. Je lieber Sie etwas tun, desto mehr Zeit werden Sie damit verbringen. Und je mehr Zeit Sie auf etwas verwenden, desto besser können Sie es. Richtig gut wird man nämlich erst durch viele Stunden Übung. Was üben Sie? Sport? Musik? Schach? Technik? Programmieren? Theaterspielen? Wenn Sie eine große Leidenschaft haben, der Sie jede freie Minute widmen, dann ist die Antwort eindeutig. Ansonsten überlegen Sie bitte, wohin Ihre Zeit überhaupt geht und was genau den Reiz Ihres Zeitvertreibs ausmacht.

Guten Umgang pflegen

4) Freunde und Bekannte

Mit Freunden und Bekannten haben Sie Ihren Spaß, aber auch noch etwas Weiteres: Übung in sozialer Kompetenz. Sie lernen, mit anderen Menschen klarzukommen. Das ist nicht immer einfach: Man muss verschiedene Meinungen akzeptieren können, Kompromisse schließen und auch einmal etwas wegstecken, was einem gar nicht gefällt. Überlegen Sie, welche Rolle Sie spielen, wenn Sie mit Freunden und Bekannten zusammen sind. Übernehmen Sie gerne die Führung? Oder halten Sie sich lieber im Hintergrund? Können Sie im Streit gut vermitteln? Können Sie Außenseiter in die Gruppe einbinden? Können Sie auch eine abweichende Meinung behaupten? Welchen Gewinn haben die anderen dadurch, dass *Sie* da sind?

Verantwortung annehmen

5) Gesellschaftliches Engagement

Gesellschaftliches Engagement setzt voraus, dass Sie sich ein paar Gedanken gemacht haben über sich und die Welt. Und irgendwo haben Sie dabei Stellen gefunden, wo die Welt durch Ihr Zutun ein bisschen besser werden kann. Das allein ist schon einmal eine Leistung. Viele Menschen denken ja gar nicht so weit. Und zu dieser Denkleistung kommt dann noch der praktische Teil hinzu: Sie *tun* etwas, um dem Gemeinwohl zu dienen. Was ist das in Ihrem Fall? Machen Sie mit bei der Feuerwehr? Engagieren Sie sich in der Kirche? In der Jugendarbeit? Im Tierschutz? Im Umweltschutz? In der Politik? Was genau sind Ihre Aufgaben? Wie bereichern Sie das Feld, auf dem Sie wirken? Wo kommt es ganz speziell auf *Ihre* Mitarbeit an?

Geld verdienen

6) Job

Einen Job zu haben zahlt sich doppelt aus: Sie verdienen Geld und werden dadurch finanziell ein Stück weit unabhängig; außerdem lernen Sie das Arbeitsleben kennen. Haben Sie einen Job? Denken Sie bei der Antwort nicht nur an geregelte Arbeitsverhältnisse, sondern auch an Aushilfstätigkeiten, Nachhilfe oder Mitarbeit im Betrieb der Eltern. Was wird dort von Ihnen erwartet? Sind Ihre

Aufgaben mit der Zeit gewachsen? Sind Sie besser geworden in Ihrem Job? Wie haben Sie das geschafft?

Tipp

Irgendwann sollten Sie mit Ihrem Überblick vom Nachdenken zum Schreiben wechseln. Denn damit schaffen Sie sich eine Grundlage, auf die Sie jederzeit aufbauen können. Sie können dem Gedankenfluss auch nachhelfen, indem Sie malen. Lassen Sie Ideenbäume sprießen und Gedankenketten rollen. Versuchen Sie das mal. Gekritzel ist gut fürs Denken.

Fähigkeiten, die Sie entdecken können

Sie haben jetzt die sechs Felder im Blick, die Sie beackern: Schule, Zuhause, Freizeit, Freunde, gesellschaftliches Engagement und Job. Nun halten Sie Ausschau nach den Fähigkeiten, die dort gedeihen. Damit Sie nichts übersehen, können Sie die folgenden zwölf Punkte zur Hilfe nehmen. Sie können auch einschätzen und notieren, wie stark ein Merkmal bei Ihnen ausgeprägt ist. Fügen Sie auf jeden Fall hinzu, was Sie als Ihre ganz persönlichen Stärken erkennen.

1) Handwerkliches Geschick

Gegenstände geschickt bearbeiten

Ob Sie handwerkliches Geschick haben, merken Sie leicht an den Ergebnissen Ihrer Arbeit. Wenn alles, was Sie bearbeiten, schief, wackelig und funktionsuntüchtig wird, dann eher nicht. Wenn Sie aus unterschiedlichen Materialien und mit den geeigneten Werkzeugen brauchbare Ergebnisse produzieren, dann ja.
Handwerkliches Geschick ist übrigens mehr als reine Fingerfertigkeit. Es gehört auch eine gute Portion Sachverstand dazu. Schließlich muss man im Voraus erkennen, mit welchem Werkzeug man welchen Werkstoff am besten bearbeitet und was dabei herauskommt.

Ihre Einschätzung: Mein handwerkliches Geschick ist

- stark ausgeprägt
- mittelmäßig
- schwach ausgeprägt

2) Technisches Verständnis

Prozesse verstehen und steuern

Menschen mit technischem Verständnis sind immer getrieben von der Frage, wie etwas funktioniert. Sie wollen wissen, warum ein Auto fährt und ein Navigationsgerät den richtigen Weg zeigt. Sie können sich technische Abläufe vorstellen und deshalb auch darin eingreifen.
Sie arbeiten mit technischem Verständnis, wenn Sie zum Beispiel an Ihrem Mofa herumdoktern, eine Zeitschaltuhr einbauen oder eine kaputte Kaffeemaschine reparieren. In der Schule interessieren Sie sich für Physik und verwandte Themen. Sie experimentieren und tüfteln gerne und gehen allem auf den Grund, was tickt und läuft.
Ihre Einschätzung: Mein technisches Verständnis ist

- stark ausgeprägt
- mittelmäßig
- schwach ausgeprägt

3) Computerfertigkeiten

Programmieren

Vor dem Computer ist die Welt zweigeteilt: Manche Nutzer sind zufrieden, wenn sie ein Programm ohne große Komplikationen anwenden können; echte Nerds dagegen wollen mehr. Sie wollen auch noch das Letzte aus einem Programm herausholen. Wenn sie dabei auf Probleme stoßen, wollen sie Lösungen finden. Sie testen Programme, tauschen sich mit anderen über Ergebnisse aus und programmieren selbst. Sie halten sich auf dem Laufenden über Entwicklungen auf dem IT-Markt und können ruck, zuck neue Geräte bedienen.
Die erste Gruppe macht am PC nur das Nötigste; die zweite kann sich vom PC, Laptop oder Smartphone kaum losreißen. Wie ist das bei Ihnen? Wie weit geht Ihr Interesse an Computern? Können Sie sich leicht in einem System zurechtfinden? Eigene kleine Projekte programmie-

ren? Anderen bei Computerproblemen helfen? Wenn ja, dann haben Sie gute Karten in der IT-Branche.
Ihre Einschätzung: Meine Computerfertigkeiten sind

- stark ausgeprägt
- mittelmäßig
- schwach ausgeprägt

4) Kopf für Zahlen

Rechnen

Einen Kopf für Zahlen, also Zahlenverständnis, haben Sie, wenn Sie Größenordnungen und Verhältnisse *sehen*. Zum Beispiel: Sie haben sich einen Motorroller ausgesucht, der mit 900 Euro ausgezeichnet ist. Der Händler will Ihnen die Mehrwertsteuer schenken. Wie viel müssen Sie bezahlen? Oder Sie lesen in der Zeitung, dass 14 Prozent der Erwerbsfähigen in Deutschland – rund 7,5 Millionen Menschen – Analphabeten sind. Wie viele Erwerbsfähige gibt es? Sehen Sie, in welchen Größenordnungen die Ergebnisse liegen müssen? Wissen Sie, wie Sie zu den Ergebnissen gelangen? Berechnen Sie öfter einen Wert im Kopf? Können Sie Tabellen lesen und auswerten? Mit einem Kopf für Zahlen haben Sie viele Vorteile im Alltag und eine gute Empfehlung für alle kaufmännischen Berufe.
Ihre Einschätzung: Meine Rechenkünste sind

- stark ausgeprägt
- mittelmäßig
- schwach ausgeprägt

5) Sprachbegabung

Die richtigen Worte finden

Sprachbegabung zeigt sich an der Wendigkeit innerhalb einer Sprache und im Erlernen weiterer Sprachen. Wie ist es um Ihr Deutsch bestellt? Können Sie sich gut ausdrücken und fehlerfrei schreiben? Können Sie einen Text so aufbauen, dass der Leser ihn auf Anhieb versteht? Achten Sie auch darauf, wie andere schreiben? Lesen Sie viel und gerne? Denken Sie an Bücher, Zeitungen oder Fachzeitschriften. Schreiben Sie auch schon einmal, ohne dass Sie es müssen – aus schierem Spaß am Schreiben?

Wie sieht es mit Ihren Fremdsprachen aus? Können Sie im Unterricht gut mithalten? Gefällt es Ihnen, Ihre Fremdsprachen anzuwenden? Denken Sie an den Urlaub oder auch an fremdsprachige Internetseiten.
Vielleicht sind Sie sprachlich auch in einer besonders vorteilhaften Position: nämlich mehrsprachig aufgewachsen. Das ist bei vielen Menschen mit Migrationshintergrund der Fall. Sie sprechen zu Hause die Sprache ihrer Eltern; im öffentlichen Leben sprechen sie Deutsch. Sie beherrschen dann zwei Sprachen auf einem hohen Niveau und sind mit beiden Kulturen vertraut. Wenn das bei Ihnen so ist, denken Sie ruhig auch darüber nach, ob Sie diesen Vorteil nicht beruflich nutzen möchten.
Ihre Einschätzung: Meine Sprachbegabung ist

- stark ausgeprägt
- mittelmäßig
- schwach ausgeprägt

6) Kontaktfreudigkeit

Auf Menschen zugehen

Jeder Mensch hat mit anderen Menschen zu tun, deshalb muss jeder Mensch kommunikationsfähig sein. Aber: Den einen fällt das etwas schwerer, den anderen leichter. Die Ersten sind eher introvertiert, nach innen gerichtet. Sie können gut für sich allein sein und wirken auch nicht immer einladend auf andere. Die Zweiten sind extrovertiert, nach außen gerichtet. Sie suchen Kontakt, können gut fremde Menschen ansprechen und blühen regelrecht auf in Gesellschaft. Diese Kontaktfreude ist Gold wert in manchen Berufen, etwa in Vertrieb oder Gastronomie.
Ihre Einschätzung: Meine Kontaktfreudigkeit ist

- stark ausgeprägt
- mittelmäßig
- schwach ausgeprägt

Schrill oder still

Wenn Sie ein stiller Typ sind, ist das auch gut. In der Öffentlichkeit entsteht manchmal ein falsches Bild. Da stehen immer die lauten und schrillen Typen in der ersten Reihe. Von denen ist die Rede, und die sieht man im Fernsehen. Man könnte also glauben, nur der schrille Typ sei gefragt. Das ist aber nicht so. Stille Typen, die lieber im Hintergrund stehen, werden genauso gebraucht. Nur mit Fernsehen haben Sie nichts am Hut. Lassen Sie sich dadurch aber nicht täuschen. Schrill sein ist o. k.; still sein ist genauso o. k. Wichtig ist, dass jeder seinen Platz findet.

Koordinieren und planen

7) Organisationstalent

Organisationstalent ist die Fähigkeit, Abläufe zu überblicken und dafür zu sorgen, dass das richtige Mittel zur richtigen Zeit am richtigen Ort zum Einsatz kommt – und das möglichst kostengünstig und ressourcenschonend. Ein Mindestmaß an Organisationstalent braucht man, um überhaupt berufsfähig zu sein; manche Berufe verlangen ein Höchstmaß. Denken Sie an Speditionskaufleute oder Aufnahmeleiter beim Fernsehen.

Ihr eigenes Organisationstalent bekommen Sie im Alltag zu spüren. Wie gut teilen Sie Ihre Zeit ein? Ist immer alles zu schaffen, was Sie sich für einen Tag vornehmen? Können Sie verschiedene Aufgaben im Blick behalten? Stimmt die Reihenfolge der Erledigungen? Oder denken Sie manchmal im Nachhinein, das hätten Sie auch einfacher haben können? Haben Sie in der Schule schon einmal ein größeres Projekt durchgezogen, samt Vorbereitung und pünktlicher Fertigstellung? Organisieren Sie Arbeitsgruppen, Geburtstagspartys oder Reisen? Wissen Sie sich zu helfen, wenn etwas anders kommt als geplant?

Ihre Einschätzung: Mein Organisationstalent ist

- stark ausgeprägt
- mittelmäßig
- schwach ausgeprägt

Helfen, wo Hilfe nottut

8) Helfende Hände

Manchen Menschen kann einer ohnmächtig vor die Füße fallen, und sie erkennen nicht, dass er Hilfe braucht; andere dagegen packen zu, *bevor* er in Ohnmacht fällt. Sie bemerken nämlich, wie er blass wird und wankt. Das sind diejenigen, die besonders gut und gerne Hilfe leisten.
Wie ist Ihre Erfahrung mit hilfebedürftigen Menschen? Haben Sie sich schon einmal um jemanden gekümmert, der nicht allein zurechtkam? Zum Beispiel um ein Kleinkind, einen Kranken oder um einen pflegebedürftigen alten Menschen? Können Sie einem anderen Menschen auch bei intimen Verrichtungen helfen, etwa beim Toilettengang? Können Sie so nett und unaufdringlich helfen, dass der Hilfebedürftige sich nicht blöd vorkommt?
Helfen stellt an alle Beteiligten hohe psychische Anforderungen und ist deshalb gar nicht so einfach. Die helfenden Berufe suchen dringend Nachwuchs.
Ihre Einschätzung: Meine Fähigkeit, anderen zu helfen, ist

- stark ausgeprägt
- mittelmäßig
- schwach ausgeprägt

Die Welt schöner machen

9) Künstlerische Begabung

Bei allem, was Kunst angeht, kommt es sehr stark auf die Leidenschaft an. Nehmen Sie ein Beispiel: Viele Menschen spielen zur Entspannung Gitarre oder Klavier. Macht sie das zu Künstlern? Nein, tut es nicht. Denn der Künstler kommt von seiner Gitarre oder seinem Klavier überhaupt nicht los. Er ist besessen von dem Ehrgeiz, immer besser zu werden. Er wird nicht müde zu üben. Er lebt für seine Kunst. So geht das Musikern, Tänzern, Malern, Modeschöpfern, Schriftstellern, Schauspielern, Filmemachern, Unterhaltungskünstlern. Sie alle haben eine Begabung und gleichzeitig den festen Willen, diese Begabung zu verwirklichen.
Gibt es in Ihrem Leben eine künstlerische Begabung, die sich so sehr in den Vordergrund drängt? Sind Sie ein Clown, der gar nicht anders kann? Machen Sie geniale

Kurzfilme? Entwerfen Sie Kleidung? Spielen Sie ein Instrument? Geht Ihnen die Kunst gar nicht aus dem Kopf? Wenn das so ist, dann könnten Sie ihr beruflich weiter nachgehen.
Ihre Einschätzung: Meine künstlerische Begabung ist
- stark ausgeprägt
- mittelmäßig
- schwach ausgeprägt

10) Körperliche Leistungsfähigkeit

Fit sein und durchhalten

Körperliche Leistungsfähigkeit ist zum Teil ein Geschenk des Himmels; zum Teil wird sie hier auf Erden gemacht, und zwar mit harter Arbeit. Wer fit sein will, muss sich bewegen. Dafür gibt es Sport.
Treiben Sie regelmäßig Sport? Einzelsport oder Mannschaftssport? Auf Spaßniveau oder auf Leistungsniveau? Wie sehr bestimmt der Sport Ihr Leben? Achten Sie auf eine Lebensweise, die dem Sport zuträglich ist? Fühlen Sie sich körperlich fit und leistungsfähig?
Körperliche Fitness ist in allen Berufen gerne gesehen. Denn fit und gesund ist kostengünstiger als schlapp und krank. In manchen Berufen jedoch ist eine hohe körperliche Leistungsfähigkeit eine wesentliche Voraussetzung. Wer etwa zur Polizei will, muss sogar eine Sportprüfung bestehen. Aber auch wer als Koch acht Stunden in der Küche steht, muss robust und gut auf den Beinen sein.
Ihre Einschätzung: Meine körperliche Leistungsfähigkeit ist
- stark ausgeprägt
- mittelmäßig
- schwach ausgeprägt

11) Verantwortungsbewusstsein

Sich selbst in die Pflicht nehmen

Menschen ohne Verantwortungsbewusstsein überlassen es anderen, Aufgaben zu übernehmen. Irgendjemand wird sich schon finden, denken sie, und damit hat sich die Sache. Menschen *mit* Verantwortungsbewusstsein fühlen sich selbst dafür zuständig, dass Aufgaben erledigt wer-

den. Sie nehmen die Aufgaben als persönliche Pflicht an und tun ihr Bestes, sie zu erfüllen.
Arbeitgeber haben generell lieber Menschen mit Verantwortungsbewusstsein. Das Maß der Verantwortung jedoch unterscheidet sich mit den Berufen und mit den Ebenen, auf denen man sie ausübt. Ein verantwortungsloser Friseur etwa mag eine Frisur verhunzen. Das ist ärgerlich, aber nicht tragisch. Ein verantwortungsloser Unternehmensberater kann zig Arbeitsplätze verspielen und Existenzen ruinieren. Das ist schlimm.
Wie sieht es aus mit Ihrem Verantwortungsbewusstsein? Wo übernehmen Sie Verantwortung? Haben Sie ein Haustier, das ganz von Ihnen abhängig ist? Arbeiten Sie mit Kindern, die zu Ihnen als Vorbild aufschauen? Sind Sie in ein Amt gewählt, zum Beispiel das des Sprechers einer Gruppe? Denken Sie, bevor Sie handeln, auch über die Folgen nach? Beziehen Sie das Wohl anderer mit in Ihre Entscheidungen ein? Können Sie zugeben, wenn etwas schiefgelaufen ist, und sagen: »Das war ich«?
Ihre Einschätzung: Mein Verantwortungsbewusstsein ist

- stark ausgeprägt
- mittelmäßig
- schwach ausgeprägt

12) Geduld und Sorgfalt

Dranbleiben und besser werden

Geduld und Sorgfalt haben etwas mit Tempo zu tun: Sie entschleunigen. Ein ungeduldiger Mensch will seine Ergebnisse sofort. Dafür sieht er auch mal über Kleinigkeiten hinweg, lässt es also an Sorgfalt mangeln. Ein geduldiger Mensch dagegen kann warten. Er nimmt sich die Zeit, die er braucht, um seine Sache gut zu machen – wenn nötig, auch in mehreren Anläufen.
In Berufen, die sich um Menschen drehen, braucht man in der Regel besonders viel Geduld. Denken Sie an Ihre Lehrer. Die müssen ihren Stoff so lange erklären, bis ihn auch der Letzte verstanden hat. Außerdem sollten sie sorgfältig sein, etwa wenn sie Arbeiten korrigieren und benoten.

Ihr eigenes Maß an Geduld und Sorgfalt zeigt sich in vielen alltäglichen Übungen. Sehen Sie sich Ihre Arbeiten an, bevor Sie sie abgeben? Oder nehmen Sie eher Flüchtigkeitsfehler in Kauf? Können Sie eine Aufgabe mit mittelmäßigem Ergebnis wiederholen, bis das Ergebnis gut ist? Oder geben Sie nach der ersten Runde auf? Können Sie anderen auch dann noch freundlich antworten, wenn Sie denken, es sei schon alles gesagt?
Ihre Einschätzung: Geduld und Sorgfalt sind bei mir

- stark ausgeprägt
- mittelmäßig
- schwach ausgeprägt

Ihre ganz eigenen Talente

Mit diesen zwölf Punkten haben Sie sich auf Fähigkeiten und Stärken abgeklopft, aber nicht unbedingt alles erfasst. Ergänzen Sie selbst, was Sie sonst noch auszeichnet. Das braucht Ihnen jetzt nicht auf der Stelle einzufallen. Nehmen Sie die Aufgabe mit als Beobachtungsauftrag. Achten Sie darauf, wo in Ihren verschiedenen Lebensbereichen dank Ihres Handelns etwas besonders gut gelingt. Dann merken Sie schon, was Sie alles können.

Inventur

Stellen Sie sich das, was Sie jetzt gemacht haben, wie eine Inventur vor. Sie haben Ihre Vermögenswerte gezählt. Jetzt wissen Sie, wo Sie gut ausgestattet sind und wo Sie noch aufstocken könnten. Genau das ist der springende Punkt: Sie können an Ihren Fähigkeiten und Stärken noch einiges ändern. Wenn Sie zum Beispiel merken, dass Sie nicht so gut rechnen können, dann üben Sie es: Rechnen Sie an der Kasse mit, wenn Ihnen Wechselgeld zusteht. Holen Sie sich Übungsaufgaben in der Bibliothek. Wenn Sie beim Schreiben viele Fehler machen, suchen Sie sich jemanden, der Ihre Texte mit Ihnen bespricht. So wirtschaften Sie mit Ihren Fähigkeiten – und erzielen Gewinn!

Was mache ich gerne?

Spaß und Vernunft

Ihr künftiger Beruf soll nicht nur dem Broterwerb dienen, sondern auch Spaß machen. Sie sollen gern zur Arbeit gehen, sich damit identifizieren und stolz darauf sein. Das ist nämlich die beste Versicherung für ein gelingendes Berufsleben. Deshalb geht es jetzt um Ihre Vorlieben. Die werden sich zum Teil mit Ihren Fähigkeiten decken, zum Teil auch woanders liegen. Kurz und gut: Sie brauchen eine Bestandsaufnahme. Danach fragen Sie, wie sich diese Vorlieben wohl im Beruf schlagen würden. Nicht alles, was Sie jetzt mit Lust und Freude tun, hat im Beruf den gleichen Reiz. Da sollten Sie sich vor Trugschlüssen hüten.

Ihre Vorlieben

Vorlieben haben Sie bei allem, was Sie tun – sowohl unter Ihren Pflichten als auch in der Freizeit. Manchmal sind Vorlieben allerdings etwas versteckt, und man muss sich genau beobachten, um sie zu entdecken. Dabei hilft es, wenn Sie darauf achten, wie Sie an die Dinge herangehen und welches Gefühl sich im Nachhinein einstellt.

Angenehme Pflichten

Lieblingsfächer

In der Schule haben Sie Ihre Lieblingsfächer. Welche sind das? Was finden Sie von den Inhalten her so interessant, dass Sie sich auch freiwillig damit beschäftigen? Welche Aufgaben erledigen Sie sofort und mit Eifer? Worüber können Sie glatt die Zeit vergessen?

Erfolgserlebnisse

Ihre Pflichten außerhalb der Schule lassen sich genauso sortieren. Welche Aufgaben gehen Ihnen leicht von der Hand? Was erfüllt Sie mit Freude über die Ergebnisse? Oder mit Stolz auf Ihre Leistung? Lassen Sie Ihren Blick auf solche Pflichten nicht durch nervige Umstände trüben. Was zählt, ist die Aufgabe an sich; die soll Sie mitreißen und zufrieden machen.

Nervig-schön
Eine Schülerin in der elften Klasse bessert ihr Budget mit Nachhilfeunterricht auf. Dazu muss sie zweimal die Woche pünktlich um 17:00 Uhr bei ihrem Schüler auf der Matte stehen. Das an sich ist schon nervig. Außerdem geht ihr die Mutter des Schülers mit ihrem Geschwätz auf den Geist. Und der Hund der Familie knurrt sie an. Das alles braucht kein Mensch. Der Schüler aber macht echte Fortschritte. Neulich hat er sogar die *dass*-Sätze kapiert, die ihm vorher partout nicht in den Kopf gehen wollten. Im letzten Diktat hatte er schon eine Drei. Von Fünf auf Drei, darauf ist die Nachhilfelehrerin mächtig stolz. Ein schönes Gefühl! Deshalb macht ihr – allen Umständen zum Trotz – das Unterrichten große Freude.

Ausgesuchte Freizeit

Ein und alles

Was Sie mit Ihrer Freizeit anfangen, ist sehr aussagekräftig; immerhin suchen Sie es sich aus. Vielleicht haben Sie ein Hobby, für das Sie alles andere stehen und liegen lassen, für das Sie keine Mühe und keinen Aufwand scheuen. Dann wissen Sie, wofür Ihr Herz schlägt.

Eines von vielen

Vielleicht setzen Sie aber auch wechselnde Schwerpunkte. Das wäre kein Wunder. Schließlich kriegen Sie von vielen Seiten Impulse. Vielleicht weckt ein Freund Ihre Lust am Diskutieren, ein zweiter Ihre Begeisterung für Filme, ein dritter Ihr Interesse am Umweltschutz. Sie probieren vieles aus; einiges davon bleibt hängen; anderes zieht vorüber. Überlegen Sie, was Sie in der letzten Zeit besonders angesprochen hat. Wo haben Sie gedacht: »Das ist genau mein Ding«?

Nichts so richtig

Es gibt noch eine dritte Variante: Vielleicht haben Sie auf nichts so richtig Lust. Solche Phasen hat jeder mal, das ist nicht schlimm. Man muss dann nur umso genauer hinschauen. Denn irgendetwas läuft ja trotzdem. Nichts tun gibt es nicht.

Gefragt, erkannt

Also fragen Sie: Was tun Sie, wenn Sie vermeintlich nichts tun? Chatten Sie? Sind Sie mit Freunden zusammen? Laufen Sie mit dem Hund durch die Gegend? Sitzen Sie vor dem Fernsehen? Grübeln Sie? Und jetzt fragen Sie weiter.

Zum Beispiel zum Chatten: Was genau gefällt Ihnen daran? Der Austausch? Die Community? Das Rollenspiel? Die Verbindung nach überall? Fragen Sie sich durch, bis Sie Ihren Antrieb gefunden haben. Der mag zwar verdeckt sein, aber er ist da.

Also doch!

Der Antrieb, den Sie durch Ihre Fragerei freilegen, wird nicht nur in diesem einen Zusammenhang funktionieren, sondern auch anderswo. Das heißt ins Praktische übersetzt: Die Freude am Austausch, die Sie zum Chatten treibt, kann Sie auch im Beruf antreiben. Vielleicht hätten Sie Spaß an einem Beruf, in dem Sie viel mit Menschen zu tun haben. Schälen Sie also gerade bei den unscheinbaren Beschäftigungen den Kern Ihres Interesses heraus. Der ist wichtig. Wenn Sie den nämlich in einen Beruf einpflanzen, geht er neu auf – und Sie haben Spaß an der Arbeit.

Tipp

Was Sie gerne tun, das geht hier *nur Sie* etwas an. Sie brauchen also keine großartigen Hobbys zu erfinden, so wie manche das für ihren Lebenslauf machen. So etwas bringt nichts. Prüfen Sie lieber, wie es sich wirklich verhält, und stehen Sie dazu. Schließlich sollen Sie sich später im Beruf nicht verstellen und verbiegen müssen, sondern aufrecht und selbstbewusst dastehen.

Fragen der Vernunft

Ideal und Realität

Wenn Sie so gestrickt sind wie die meisten anderen Menschen auch, dann können Sie vom Schönen nie genug kriegen. Sie wollen mehr. So könnten Sie, wenn Sie Spaß an Musik haben, auf die Idee kommen, Musik zum Beruf zu machen. Dann hätten Sie endlich mehr Zeit dafür. Die Idee ist erst mal nicht schlecht. Allerdings wird sie in der Realität durch zwei Prozesse verformt: Der eine ist die Entzauberung, der andere die Potenzierung. Das klingt abstrakt, passiert aber mitten im Leben. Lesen Sie, was es damit auf sich hat. Denn beides sollten Sie einkalkulieren.

Entzauberung

Den Alltagstest bestehen

Entzauberung heißt, dass etwas Schönes auf dem Boden der Tatsachen an Glanz verliert. Sie kennen das vielleicht von Ihrer ersten Liebe: Solange Sie verliebt waren, war der andere einzigartig und perfekt. Als die Verliebtheit vorbei war, war er nur noch ein ganz normaler Mensch mit Schwächen wie alle anderen auch. So kann es einem auch mit Berufen gehen.

Zauberflöte ohne Zauber
Nehmen Sie als Beispiel einen Musikliebhaber. Das ist ein Mensch mit einem feinen Gehör. Musik geht ihm durch Mark und Bein und mitten ins Herz. Für ihn gibt es nichts Schöneres auf der Welt als Mozart. Dieser Mensch wird Musiklehrer. Die Kinder, die er unterrichtet, sind laut und für alles Schöne taub. Die Zauberflöte finden sie doof. Sie schießen zerkautes Papier als Mozartkugeln durch die Gegend und treffen überhaupt nie den richtigen Ton. Dem Musiklehrer tut das in der Seele weh. Er sehnt sich zurück in die Zeit, als Musik ihm ein reines Vergnügen war.

Das Bild vom erfundenen Musiklehrer ist zwar überzeichnet, aber das Prinzip funktioniert tatsächlich so. Was Sie zu Hause für sich so gerne tun, tun Sie immer unter idealen Bedingungen: nach Lust und Laune, in Eigenregie, in Ihrem eigenen Rhythmus. Bei der Arbeit sind die Bedingungen anders: Nach Lust wird nicht gefragt; andere reden mit; meistens stehen Sie unter Zeitdruck. Die Bedingungen können so harsch sein, dass sie einem die Freude an der Tätigkeit verderben.

Schlüsse ziehen

Der beste Schluss aus dieser Zauber-Geschichte ist, dass Sie versuchen, realistisch zu sein. Bleiben Sie mit Ihrer Neigung oder Leidenschaft nicht in einem Wolkenkuckucksheim sitzen, sondern suchen Sie so oft wie möglich Begegnungen mit dem Berufsalltag. Dann können Sie testen, wie alltagsfest Ihre Lust und Leidenschaft sind.

Potenzierung

Eine Frage der Dosis

Potenzierung heißt, dass die Dosis um ein Mehrfaches erhöht wird. Es ist *eine* Sache, einer Freundin ab und zu beim Haarefärben zu helfen; es ist eine ganz andere Sache, von morgens bis abends in einem Friseursalon zu stehen. Überlegen Sie, ob das, was Ihnen jetzt in geringer Dosis gefällt, in hoher Dosis nicht unangenehme Nebenwirkungen hätte. Versuchen Sie herauszufinden, wie Sie auf diese Nebenwirkungen reagieren. Dazu bieten sich zum Beispiel Praktika an.

Süße Nichte und schreiende Bälger
Nehmen Sie als Beispiel eine junge Frau mit einer süßen Nichte. Mit dieser Nichte geht die Frau ab und zu Fritten essen oder ins Schwimmbad. Von diesen Nachmittagen ist sie so begeistert, dass sie beschließt, einen Beruf mit Kindern zu erlernen. Sie wird Erzieherin.
In der Kindertagesstätte kümmert sich die Frau nicht um ein Kind, sondern um 15 Kinder. Jedes will etwas anderes. Alle quengeln und plärren sie. Der Lärm ist ohrenbetäubend. Und dann kommen die Eltern nicht einmal pünktlich zum Abholen. Die Erzieherin hat regelmäßig Kopfschmerzen. Und irgendwo, in einem anderen Leben, da war mal was mit einer süßen Nichte.

Was erwarte ich vom Beruf?

Beruf als Teil des Ganzen

Jetzt geht es um die Frage, welche Rolle der Beruf in Ihrem Leben spielen soll. Soll er über allem anderen stehen oder neben anderem? Soll er Ihnen zu Reichtum verhelfen oder lediglich zu einem zuverlässigen Einkommen? Soll er Sie gesellschaftlich nach oben bringen? Das alles wählen Sie mit. Auch darüber sollten Sie sich ein paar Gedanken machen.

Ihr Einsatz für den Beruf

Männer, Frauen und Extreme

Sie werden selbst schon beobachtet haben, wie unterschiedlich Menschen sich in ihren Beruf einbringen. Manche denken *nur* an den Beruf und vergessen darüber, dass es auch sonst noch ein Leben gibt. Andere wiederum denken, Beruf sei nicht so wichtig. Früher oder später würden sie ja doch etwas anderes anfangen. Die erste Gruppe besteht überwiegend aus Männern, die Karriere machen; die zweite Gruppe besteht überwiegend aus Frauen, die davon ausgehen, irgendwann mit Kindern daheimzubleiben. Doch egal, aus welcher Ecke die Extreme kommen, sie gehen daneben.

Goldene Mitte

Besser bedient sind Sie auf dem Mittelweg. Wählen Sie Ihren Beruf so, dass Sie ihn mit einem sozial verträglichen Aufwand erfüllen können. Wählen Sie ihn aber auch so, dass Sie sich bis zum Ende Ihres Arbeitslebens selbst damit versorgen können. Sie brauchen jetzt keinen Schreck zu kriegen und sich 40 Jahre mit ein und derselben Tätigkeit vorzustellen. So ist das nicht gemeint. Selbstverständlich sollten Sie sich beruflich fortentwickeln. Gemeint ist Ihre Eigenständigkeit durch den Beruf. Die soll dauerhaft gewährleistet sein und nicht nur bis zum ersten Kind.

Armutsrisiko Trennung

Der Gedanke, dass ein Partner für beide arbeitet, ist riskant. Denn so entstehen ungleiche Verhältnisse. Und wenn es zur Trennung kommt, steht der nicht oder nur geringfügig arbeitende Teil dumm da. Es fehlt ihm an Berufserfahrung, beruflicher Entwicklung, beruflichen Aussichten – und Geld. Die beste Versicherung gegen eine solche Situation ist ein guter Beruf, den man gerne und langfristig ausübt.

Berufe mit besonderen Ansprüchen

Berufe verhalten sich sehr unterschiedlich zum Privatleben. Manche sind klar abgegrenzt, andere verlangen einige Anpassungen. Das wären zum Beispiel Berufe mit Schichtdienst (Fluglotsen), mit unregelmäßigen Arbeitszeiten (Landwirte) oder mit langen Abwesenheiten von zu Hause (Schiffsmechaniker). Auch bei vielen Selbstständigen nimmt der Beruf dem Privatleben einiges an Zeit ab. Die Friseurin, die um acht Uhr abends ihren Laden zumacht, fängt *danach* erst mit der Buchhaltung an. Die freie Übersetzerin arbeitet entweder unter Hochdruck an ihren Aufträgen oder sie hat keine. Ein gemütlicher Trott ist selten. Solche Besonderheiten sollten Sie bei Ihrer Wahl berücksichtigen.

Wie Sie wollen

Überlegen Sie sich, wie in Ihrem Leben der Beruf integriert sein soll.

- Möchten Sie am liebsten einen geregelten Achtstundentag und danach Ihre Ruhe haben?
- Hätten Sie gerne Arbeitszeiten mit mehr Abwechslung – mal so, mal so?
- Möchten Sie Karriere machen und dafür notfalls die Uhr vergessen?
- Möchten Sie eine ganz bestimmte Position erreichen, und zwar um jeden Preis?

Eins ist so gut wie das andere – solange Sie wissen, worauf Sie sich einlassen, und das auch so wollen.

Beruf und sozialer Status

Geld und Prestige

Der Beruf bringt Geld ins Haus und prägt den sozialen Status. Nehmen Sie als Beispiel den Arzt und den Gesundheits- und Krankenpfleger. Beide kümmern sich um Kranke. Allerdings verdient der Arzt mit seiner Arbeit meist ungefähr doppelt so viel wie der Krankenpfleger. Er kann sich das schnellere Auto leisten, wohnt im schöneren Haus, unternimmt die längeren Reisen und genießt ein höheres Ansehen. So ist das. Geld regiert die Welt.

Hier stehts

Wenn Sie wissen wollen, wie viel man in einem Beruf verdient, können Sie in der Datenbank www.berufenet.arbeitsagentur.de nachsehen. Geben Sie Ihren Beruf ein, dann wird Ihnen unter der Tätigkeit unter anderem das durchschnittliche Einkommen gezeigt.

Soziale Mobilität

Theoretisch ist niemand in seinem sozialen Status verhaftet. Jeder kann alles werden. Praktisch jedoch verläuft diese Mobilität zuweilen etwas holprig. Wenn Sie sich einen Beruf aussuchen, der fernab von Ihrem Herkunftsmilieu liegt, kann das zunächst einmal Turbulenzen geben. Die können Sie abfangen, wenn Sie darauf gefasst sind. Nur wenn Sie nichts ahnend und unvorbereitet sind, kann Sie der eine oder andere Schlag treffen.

Weit vom Stamm
Stellen Sie sich eine Tochter aus gutem Hause vor. Die Eltern sind Oberstudienräte und haben stets Wert darauf gelegt, dass ihre Tochter eine gediegene Bildung erhält. Neben der Bildung bekommt sie natürlich auch einige materielle Annehmlichkeiten. Diese Tochter hat es sich in den Kopf gesetzt, Köchin zu werden. Sie findet einen Ausbildungsplatz in einem Restaurant. Und mit einem Mal ist alles anders. In der Küche weht ein rauer Wind. Die Kollegen sind nicht so gebildet. Der Ton ist barsch. Es wird kommandiert, geschrien und geflucht. Die Ausbildungsvergütung beträgt nicht einmal 400 Euro. Und das Schlimmste: Die junge Frau gilt nicht mehr als Lehrerstochter, sondern als Küchenpersonal.

Realistisch sein

Das Beispiel der Lehrerstochter ist keine Aufforderung, bei dem zu bleiben, was Sie gewöhnt sind. Das wäre das Muster: Arbeitersohn wird Arbeiter; Juristentochter wird Juristin. Dieses Muster wäre nicht gut – für Sie nicht und für die Gesellschaft auch nicht. Die Aufforderung lautet anders: Machen Sie die Augen auf! Sehen Sie Berufe nicht nur auf dem Papier oder im Fernsehen, sondern auch in der gelebten Wirklichkeit. Achten Sie auf das gesamte wirtschaftliche und gesellschaftliche Gefüge.
Stellen Sie sich die folgenden Fragen:

- *Welche Einkommensaussichten habe ich in einem Beruf?*
  Wenn Ihnen eine Zahl allein nicht viel sagt, vergleichen Sie die Einkommen verschiedener Berufe.
- *Kann ich mit diesem Einkommen den Lebensstil pflegen, wie ich ihn haben will?*

Denken Sie an Familie, Wohnort, Lebensunterhalt und Ihre ganz persönlichen Ansprüche.

- *Nehme ich mit dem Beruf einen gesellschaftlichen Rang ein, der mir zusagt?*
  Schauen Sie auf das Umfeld des Berufs und den Umgang, den Sie durch den Beruf haben.
- *Gibt es Vorbehalte gegen den Beruf, die mich stören?*

Manche Berufe sind an sich gar nicht schlecht, haben aber ein schlechtes Image. Damit kommen Sie nur dann zurecht, wenn Sie selbst zu Ihrem Beruf stehen.

»Und was machst du so?«

Sie können hierzu einen einfachen Test machen. Stellen Sie sich vor, Sie sind auf einer Party, stehen da mit Ihrem Glas in der Hand und werden angesprochen mit der Frage: »Und was machst du so?« Was Sie darauf antworten, muss stolz und mit Überzeugung kommen. Dann passt es.

Was geht gar nicht?

Grenzen anerkennen

Alles ist möglich – aber doch nur innerhalb von Grenzen. Diese Grenzen sollten Sie kennen und anerkennen. Sie ergeben sich aus Ihren persönlichen Abneigungen und aus Einschränkungen. Wenn Sie Ihre Grenzen schon frühzeitig mit berücksichtigen, sparen Sie viel Zeit und Sie vermeiden Enttäuschungen.

Abneigungen

Mit Selbstdisziplin nachhelfen

Abneigungen kommen in allen Schattierungen vor. Sie reichen von leichtem Missfallen bis hin zur überzeugten Ablehnung. Mit bloßem Missfallen brauchen Sie sich nicht groß aufzuhalten. Das kommt und geht. Und wenn es nicht von selbst geht, helfen Sie nach mit Disziplin und Verstand.

Lehrer ohne Plan
Stellen Sie sich einen Mitschüler vor, der Mühe hat, pünktlich zum Unterricht zu erscheinen. Morgens kommt er nicht aus den Federn, tagsüber sieht er nicht auf die Uhr. Dieser Mitschüler würde eigentlich gerne Mathe unterrichten. Das passt zu ihm, denn er ist gut im Fach und geduldig mit denen, die nicht so gut sind. Erklären kann er auch. Trotzdem entscheidet der Mitschüler sich gegen den Mathelehrer. Was ihn abhält, ist der Gedanke an den festen Stundenplan.

Belanglosigkeiten

Das Beispiel des verlorenen Mathelehrers zeigt, was passiert, wenn man den Dingen nicht das richtige Gewicht beimisst. Feste Zeiten sind kein guter Grund, einen Beruf abzulehnen; sie gehören nämlich fast überall dazu. Und Pünktlichkeit ist sowieso ein Muss. Darüber braucht man gar nicht groß nachzudenken; am besten gewöhnt man sich daran.

Typsache

Manche Abneigungen liegen im Typ begründet, und deshalb wird man sie trotz aller Anstrengungen nicht so leicht los. So mag es einem stillen Menschen widerstreben, mehr als das Notwendige zu reden. Er wäre ungeeignet für den Verkauf. Einem Menschen mit ausgeprägtem Bewegungsdrang wird es schwerfallen, den ganzen Tag still zu sitzen. Er wäre ungeeignet für einen reinen Sitzberuf. Mit solchen Abneigungen kann man sich gut arrangieren, denn sie lassen immer noch eine hinreichend große Auswahl.

Grundüberzeugungen

Manche Abneigungen sind tief und fest verwurzelt, nämlich als Grundüberzeugungen. Das sind die Ansichten, über die man schon viel nachgedacht hat; also kann man sich auch nicht mir nichts, dir nichts darüber hinwegsetzen. Wer zum Beispiel eine tiefe Abscheu gegen Waffen empfindet, würde als Polizist schlimme Qualen erleben. Man kann nicht dauerhaft gegen seine Überzeugungen handeln, ohne sich innerlich zu zerreißen. Davon kann man krank werden, und das ist selbst ein guter Beruf nicht wert.

Tierleichen auf dem Teller
Denken Sie an eine Mitschülerin, die vegan lebt, und zwar in aller Konsequenz. Sie träumt davon, einmal das erste vegane Restaurant vor Ort aufzumachen. Bis sie sich das erlauben kann, muss sie erstens kreditwürdig werden und zweitens sehr viel lernen. Dazu bietet sich die Ausbildung zur Köchin an. Die Mitschülerin sieht alle Vorteile dieses Weges, aber sie sieht eben auch die Leichen auf dem Teller. Die Zubereitung von Fleisch und Fisch gehört zur Koch-Ausbildung mit dazu. Die Mitschülerin ist in Gewissensnöten.

Gewissensfragen

Wenn Sie in Anbetracht eines Berufes Zweifel haben, ob Sie das Verlangte mit gutem Gewissen leisten können, dann gehen Sie in sich. Lassen Sie sich nicht von Äußerlichkeiten ablenken (»Als Polizist bist du Beamter!«) oder von anderen beeinflussen (»Stell dich nicht so an!«). Gewissensentscheidungen können Sie nur für sich allein treffen. Nehmen Sie sich die Zeit, die Sie dafür brauchen. Und denken Sie daran, dass Sie auch bei einem verlockenden Angebot Nein sagen können. Ein überlegtes Nein verschafft Ihnen Erleichterung und Klarheit und eine freie Sicht auf Ihren weiteren Weg.

Einschränkungen

Offensichtliche Hindernisse

Einschränkungen sind im Gegensatz zu Abneigungen oft klar und eindeutig. Hier sind einige Beispiele:

- Wenn Sie eine bestimmte Körpergröße unterschreiten, können Sie nicht Polizist werden.
- Wenn Sie ein eingeschränktes Farbsehvermögen haben, sind Sie untauglich als Fluglotse.
- Wenn Sie unter Höhenangst leiden, können Sie nicht als Dachdecker oder Schornsteinfeger arbeiten.
- Wenn Sie allergisch sind gegen Tierhaare, sollten Sie nicht mit Tieren arbeiten.
- Wenn Sie Asthma haben, sollten Sie nicht Bäcker werden.

Sie sehen: Vieles erklärt sich von selbst.

Versteckte Hindernisse

Manche Einschränkungen jedoch sind weniger offensichtlich. Das sind insbesondere Hemmnisse psychischer Art.

Trugschluss
Stellen Sie sich eine junge Frau mit einer Essstörung vor. Sie ist viele Jahre lang therapiert worden und hat endlich das Schlimmste überwunden. So langsam findet sie wieder ins Leben zurück. Ohne Therapie hätte sie das nie geschafft. Das weiß sie, und entsprechend bewundert sie Therapeuten. Sie denkt darüber nach, selbst Therapeutin zu werden.

Wer selbst psychisch labil ist, ist nicht geeignet, anderen zu helfen. Dazu muss man stabil sein. Einschränkungen psychischer Art – das müssen gar nicht unbedingt Störungen sein – sind genauso ernst zu nehmen wie körperliche Einschränkungen.

Klarheit und Konsequenzen

Sobald Sie einen Beruf ins Auge fassen, informieren Sie sich über die Voraussetzungen und die Tätigkeiten. Wenn Anforderungen dabei sind, bei denen Sie Bedenken haben, gehen Sie diesen Bedenken nach. Klären Sie den Sachverhalt, und zwar gründlich.

Fragen Sie Experten, machen Sie Tests, tun Sie, was notwendig ist. Wenn sich bei dieser Klärung herausstellt, dass Sie in dem bedenklichen Punkt tatsächlich nicht geeignet sind, dann verabschieden Sie sich von dem Berufswunsch. Je eher Sie das tun, desto besser. Dann können Sie nämlich die Zeit nutzen, um sich auf einen anderen Beruf einzustellen.

Wie passt das zusammen?

Einzelteile und Gesamtbild

Sie haben sich nach und nach überlegt, was Sie gut können, was Sie gerne machen, was Sie vom Beruf erwarten und was gar nicht geht. Das sind lauter einzelne Positionen, und die müssen in einen sinnvollen Zusammenhang gestellt werden. Dabei wird nicht alles mit allem zusammenpassen. Also besteht Ihre Aufgabe darin, die Kombinationen zu finden, die die wichtigsten Bedingungen erfüllen. Dazu werden Sie einige Merkmale aufwerten, andere zurücknehmen. Mit anderen Worten: Sie schließen Kompromisse.

Kombinationen

Sammeln

Zum Kombinieren brauchen Sie einen Überblick. Vielleicht haben Sie den im Kopf; ansonsten malen Sie ihn auf. Zum Beispiel so:

Gesammelte Überlegungen

Stärken	Vorlieben	Erwartungen	Einschränkungen
■ Aufsätze schreiben; ■ Englisch; ■ dem Bruder bei den Hausaufgaben helfen; ■ Lehrer ansprechen, wenn es Ärger gibt; ■ Pizza machen; ■ bei der Arbeit aufräumen	■ meine Katze; ■ Romane lesen; ■ mit den Freundinnen rumhängen; ■ in den Ferien nach England fahren	■ bloß nicht kommandiert werden; ■ so viel Geld verdienen, dass ich schön wohnen und verreisen kann; ■ Mann und mindestens zwei Kinder	■ schwach in Mathe; ■ nicht weit vom Wohnort wegziehen

Schreiben Sie *alles* auf, was Ihnen in den Sinn kommt. Das kann viel mehr sein als im Beispiel. Streichen können Sie immer noch.

Verbinden

Im nächsten Schritt kommt das Zuordnen. Sehen Sie, welche Punkte sich besonders gut miteinander verbinden lassen. Für das Beispiel oben könnte man sich Folgendes denken:

Lehramt

Die Frau mag England und die englische Sprache. Sie kann außerdem gut erklären und zwischen Menschen vermitteln. Da bietet sich die Englischlehrerin an, und zwar im Schuldienst. Damit hätte die Frau genug Zeit für die Familie und das schöne Zuhause, das sie sich wünscht.

Sie würde gutes Geld verdienen und hätte vielleicht sogar Beamtenstatus. Sie könnte ihren Unterricht und die restliche Arbeitszeit gestalten, ohne dass ihr jemand reinreden würde. Allerdings könnte es sein, dass sie für Studium und Arbeit weiter wegziehen müsste. Das wäre der Kompromiss, den sie dafür eingehen müsste.

Verwaltung, Übersetzung

Man kann auch andere Wege sehen: Die Frau schreibt gut, liest gerne und hat einen Sinn für Ordnung. Das deutet in Richtung Verwaltung. Die gibt es überall vor Ort. Die Frau könnte ihr Englisch und eine weitere Fremdsprache mit einbeziehen und Fremdsprachenkorrespondentin oder Übersetzerin werden.

Vielleicht würde ihr aber auch die schreibende Zunft gefallen. Schließlich spielt das Sprachliche für sie mehrfach eine Rolle: beim Schreiben von Aufsätzen, bei der Stärke in Englisch, beim Lesen. Es kommt eben darauf an, welcher Punkt wie stark durchschlagen soll.

Für die Frau aus dem Beispiel kann man das nicht sagen, aber wenn Sie in eigener Sache unterwegs sind, können Sie das herausfinden. Das ist zwar nicht einfach, aber: Es geht!

Kompromisse

Abwägen

Kompromisse sind dann nötig, wenn man nicht alles haben kann. Und das ist fast immer so im Leben. Also sieht man zu, dass man immerhin das meiste kriegt und die Abstriche an den richtigen Stellen macht. Dazu muss man abwägen.

Das können Sie sich bildlich vorstellen: Sie prüfen, wie schwer die einzelnen Punkte bei Ihnen wiegen. Einige werden Leichtgewichte sein und nur eine geringe Rolle spielen. Interessant sind die Schwergewichte. Und da können sich manche Punkte fast die Waage halten – aber eben nur fast. Wenn Sie die Punkte konsequent durchdenken, sind Unterschiede da.

Studieren oder zusammenwohnen?
Eine junge Frau möchte nach dem Abitur gerne mit ihrem Freund zusammenziehen. Der ist etwas älter, hat eine gute Stelle und ist dadurch ortsgebunden. Die Frau möchte außerdem gerne ökologische Landwirtschaft studieren. Das geht nur an wenigen Hochschulen, und keine liegt im Pendelbereich ihres Freundes. Also schließen Ökolandbau und Zusammenwohnen sich gegenseitig aus. Die Frau überlegt hin und her – und entscheidet sich schließlich für die Landwirtschaft.

Die Frau hat ganz bestimmt eine kluge Entscheidung getroffen. Klar, dass sie und ihr Freund erst mal enttäuscht sind; zusammenwohnen wäre einfach schön gewesen. Stattdessen gibts jetzt Fernbeziehung. Schwarzbrot statt Kuchen.
Das Studium dagegen steht umso besser da. Die Frau hat ihm nämlich einen großen Wert beigemessen. Es ist für sie nicht irgendeine Larifari-Angelegenheit, die sie nimmt oder lässt; es ist das, was sie wirklich will. Und mit einem so festen Willen kann die Sache nur gut gehen. Übrigens kann auch die Beziehung profitieren. Sie wird zwar auf die Probe gestellt, aber wenn sie besteht, ist sie auf die Dauer gestärkt.

Gewinnen

Ein guter Kompromiss ist immer ein Gewinn: Zwar stecken Sie auf der einen Seite etwas zurück, aber dafür geben Sie auf der anderen Seite etwas hinzu. Die ist dann umso mehr wert, und das können Sie zu Ihrem Vorteil nutzen.

In die Arbeitswelt schauen

Worum es in diesem Kapitel geht

Dieses Kapitel erklärt grundlegende Begriffe und Zusammenhänge der Arbeitswelt. Die sollten Sie verstehen, damit Sie bei Ihrer Wahl wissen, worum es überhaupt geht. Also, auf zum Crashkurs! Er besteht aus drei Einheiten:

Wissen, was gemeint ist

1) Wörter und was sie bedeuten

In der ersten Einheit lernen Sie die Grundbegriffe rund um den Beruf. Was ist ein Ausbildungsberuf? Ein Beamter? Ein freier Beruf? Für den Fall, dass Sie bereits Stellenanzeigen sichten, bekommen Sie eine Lesehilfe mit auf den Weg.

Den Arbeitsmarkt verstehen

2) Zusammenhänge auf dem Arbeitsmarkt

In der zweiten Einheit schauen Sie sich den Arbeitsmarkt an. Der ist mindestens einmal im Monat im Gespräch, wenn die Bundesagentur für Arbeit die Arbeitsmarktzahlen verkündet; außerdem hört man in regelmäßigen Abständen Voraussagen über seine Entwicklung.

Für Sie ist es wichtig, die Bewegungen zu erkennen, die langfristig von Bedeutung sind. Schließlich wollen Sie ja nicht auf einem absteigenden Ast landen, sondern in einem aussichtsreichen Beruf. Sie sollten außerdem verstehen, warum es in manchen Branchen viele offene Stellen gibt und in anderen nur wenige. Das kann Ihnen beim Entscheiden helfen.

In die Zukunft denken

3) Etappen im Arbeitsleben

In der dritten Einheit geht es um Wege durch das Arbeitsleben. Die haben sich nämlich im Laufe der Zeit geändert. Noch in der Generation Ihrer Eltern oder Großeltern waren sie stark vorgezeichnet. Man hat einen Beruf gelernt und den möglichst bis zum Ende ausgeübt. In Ihrer Generation ist dieser Verlauf nicht mehr selbstverständlich. Sie werden viel eher verschiedene Etappen einlegen und sich von jedem Zwischenziel aus neu orientieren und weiterbilden.

Verständnishilfen

Schwer zu verstehen

Das Berufsleben ist ein wahres Babylon. Manchmal versteht man nur Bahnhof.

Was ist das denn?
Stellen Sie sich vor, beim Sport ist ein Neuer. Er stellt sich kurz vor und sagt: »Ich bin Fuel-Manager bei einer Airline.« Alle gucken, keiner sagt was, denn keiner hat verstanden, was der Mann macht. Sie sortieren Ihr Schulenglisch und erinnern sich, dass »fuel« Treibstoff heißt. Also ist der Mann Treibstoff-Manager bei einer Fluggesellschaft. Aber was genau macht er? Was hat der gelernt? Dazu fehlt Ihnen jede Vorstellung, und der Mann muss sich erst mal erklären.

Abschluss, Beruf, Funktion, Aufgabe

Die Erklärung bringt Licht ins Dunkel:

- Der Mann hat an einer Universität Luft- und Raumfahrttechnik studiert und sein Studium erfolgreich abgeschlossen. Dafür hat ihm die Universität den akademischen Grad »Diplom-Ingenieur« verliehen.
- Er ist von Beruf Ingenieur. Das ist seine Berufsbezeichnung.
- Er ist bei der Fluggesellschaft angestellt als »Fuel-Manager«. Das ist seine Funktion.
- Seine Aufgabe in dieser Funktion besteht darin, den Kerosinverbrauch beim Fliegen zu verringern.

Grundbegriffe

Eine Ausbildung führt nicht immer zu einer gleichnamigen Berufstätigkeit. Manchmal hört man als Berufsangabe auch »Angestellter« oder »Beamter«, und wieder weiß man nicht, was die Person nun eigentlich macht. Sehen Sie sich die folgenden Erklärungen an, dann wird Ihnen einiges klar:

Reglementierte Berufe

Zum Beispiel Rechtsanwalt, Arzt, Bäcker

Reglementierte Berufe sind solche, die man nur mit einer ganz bestimmten Qualifikation ausüben darf. Das ist zum Beispiel bei Rechtsberufen der Fall, bei medizinischen

Berufen und auch bei vielen Handwerksberufen. Wenn Sie Rechtsanwalt werden möchten, *müssen* Sie Ihr Jurastudium mit dem ersten juristischen Staatsexamen abschließen, Ihr Referendariat mit dem zweiten juristischen Staatsexamen. Und dann brauchen Sie noch die Zulassung durch die Rechtsanwaltskammer.
Wenn Sie Bäcker werden möchten, *müssen* Sie eine Ausbildung zum Bäcker machen. Sonst dürfen Sie sich nicht so nennen. Die Reglementierung erfüllt eine Schutzfunktion nach innen und außen. Sie schützt den Berufsstand vor nicht qualifizierten Arbeitskräften, und sie schützt die Empfänger der beruflichen Leistung, in diesem Fall den Kunden, vor schlechter Arbeit (zum Beispiel verdorbenen oder ungenießbaren Lebensmitteln). Zurzeit sind in Deutschland etwa 60 Berufe reglementiert.

Weitere Informationen

Die Europäische Kommission pflegt eine Datenbank für reglementierte Berufe in Europa. Die ist im Internet zugänglich auf dem folgenden Weg: Europäische Kommission → Binnenmarkt → Berufsqualifikationen → Reglementierte Berufe → Datenbank. Die Adresse lautet: http://ec.europa.eu/internal_market/qualifications/index_de.htm.

Nicht reglementierte Berufe

Zum Beispiel Modedesigner, Programmierer, Übersetzer

Nicht reglementierte Berufe sind der große Rest. Hier gilt das Motto: Viele Wege führen nach Rom. Wenn einer zum Beispiel den Wunsch hat, Lektor in einem Verlag zu werden, kann er *irgendein* geisteswissenschaftliches Studium absolvieren. Und nicht einmal *das* ist vorgeschrieben. Er könnte die erforderlichen Qualifikationen auch sonst wie beibringen, etwa durch eine ähnlich gelagerte Ausbildung oder einschlägige Erfahrung. Wohlgemerkt: könnte. Er *dürfte* als Lektor eingestellt werden. Ob er allerdings ohne

Studium (und guten Studienabschluss) tatsächlich auf dem Arbeitsmarkt eine Stelle bekommen würde, steht auf einem anderen Blatt.

Zum Beispiel Buchhändler, Zweiradmechaniker, Altenpfleger

Anerkannte Ausbildungsberufe

Anerkannte Ausbildungsberufe sind Berufe, in denen nach einer vorgeschriebenen und staatlich anerkannten Ausbildungsordnung ausgebildet wird. Die Ausbildung verläuft entweder dual oder schulisch. Bei der dualen Ausbildung – das ist die klassische Lehre – wird der praktische Teil im Betrieb vermittelt; der theoretische Teil wird im Berufsschulunterricht ergänzt. Duale Ausbildungen sind bundesweit einheitlich.
Die schulische Ausbildung findet an Vollzeitschulen statt, etwa an Berufsfachschulen, und wird um praktische Phasen ergänzt. So wird zum Beispiel in den pflegerischen und erzieherischen Berufen ausgebildet. Schulische Ausbildungsberufe sind teils bundesrechtlich, teils landesrechtlich geregelt. Anerkannte Ausbildungsberufe gibt es in allen Berufsfeldern, insgesamt rund 350.

Die großen Ausnahmen

Nicht anerkannte Ausbildungsberufe

Nicht anerkannte Ausbildungsberufe stehen hier nur, damit Sie nichts vermissen. In der Praxis sind sie Randerscheinungen. Es gibt sie zum Beispiel dort, wo ein Handwerk so selten geworden ist, dass es keine Ausbildungsordnung mehr gibt. Hier kann ein Betrieb Nachwuchs ausbilden, damit er das Handwerk fortführen kann. Doch außerhalb dieses Handwerks gilt der Ausgebildete als ungelernte Arbeitskraft, und das kann viele Nachteile haben.

Zum Beispiel Architekt, Journalist, Steuerberater

Freie Berufe

»Freie Berufe« ist ein feststehender Begriff, der vom Gesetz her definiert ist. Demnach haben freie Berufe die folgenden Merkmale:

- Ihre Voraussetzung ist eine hohe berufliche Qualifikation oder schöpferische Begabung.

- Ihr Inhalt sind Dienstleistungen höherer Art.
- Ihre Arbeitsweise ist persönlich, eigenverantwortlich und fachlich unabhängig.
- Ihre Ergebnisse dienen dem Auftraggeber und der Allgemeinheit.

Freie Berufe kommen in vier Bereichen vor. Das sind die folgenden:
- Heilberufe (etwa Heilpraktiker, Tierarzt, Zahnarzt)
- Rechts- und Wirtschaftsberufe (zum Beispiel Rechtsanwalt, Wirtschaftsprüfer, Steuerberater)
- Naturwissenschaftliche und technische Berufe (zum Beispiel Architekt, Informatiker, Lotse)
- Kulturberufe (zum Beispiel Übersetzer, Journalist, Kameraleute, Schriftsteller)

Die Angehörigen freier Berufe können freiberuflich tätig sein. Als Freiberufler sind sie selbstständig. Das wäre etwa der Tierarzt mit eigener Praxis. Die Angehörigen freier Berufe können auch als Arbeitnehmer beschäftigt sein. Das wäre etwa der Tierarzt, der in einer Tierklinik arbeitet oder in einer Veterinärbehörde. Der wäre dann kein Freiberufler, sondern ein Angestellter oder Beamter.

Weitere Informationen

Wenn Sie mehr wissen möchten über freie Berufe, besuchen Sie die Internetseite des Bundesverbandes der Freien Berufe (BFB). Das ist der Dachverband der Spitzenvereinigungen der freien Berufe. Die Adresse lautet: www.freie-berufe.de.

Selbstständigkeit

Freiberufler, Gewerbetreibende

Selbstständigkeit heißt, dass jemand sein eigener Chef ist. Das ist natürlich nicht nur bei Freiberuflern möglich, sondern auch in anderen Berufen. Denken Sie an den selbstständigen Malermeister oder den Restaurantbetreiber. Sie betreiben ein Gewerbe. Selbstständigkeit kommt in unterschiedlichen Rechtsformen vor, und jede hat ihre eigenen Bedingungen und steuerrechtlichen Konsequenzen. Deshalb sollte dem Schritt in die Selbstständigkeit immer eine gründliche Beratung vorausgehen. Die erste Anlaufstelle dafür wäre die Arbeitsagentur. Der gemeinsame Nenner aller Formen von Selbstständigkeit liegt in den Voraussetzungen. Man braucht eine zündende Idee, wirtschaftlichen Sachverstand, ein stimmiges Konzept und Durchhaltevermögen.

Arbeitnehmer

Zum Beispiel Bankangestellte, Geselle in einer Bäckerei

Arbeitnehmer arbeiten im Rahmen eines Arbeitsvertrags für einen Arbeitgeber. Sie sind nicht selbstständig, sondern weisungsgebunden. Die meisten Erwerbstätigen sind als Arbeitnehmer beschäftigt.

Angestellte

Angestellte gegenüber Arbeitern

Angestellte sind Arbeitnehmer. Früher wurden sie klar unterschieden von Arbeitern. Angestellte waren für geistige Aufgaben da, Arbeiter für körperliche. Doch diese Unterscheidung wurde mit den Veränderungen in der Arbeitswelt zunehmend schwieriger. Deshalb verliert sie immer mehr an Bedeutung; in einigen Bereichen ist sie ganz aufgehoben. Wo noch unterschieden wird, hat das durchaus praktische Auswirkungen: Angestellte bekommen ein festes Gehalt, Arbeiter einen Lohn nach geleisteter Arbeit.

Beamte

Zum Beispiel im Justizvollzug oder in der Steuerverwaltung

Beamte sind Angehörige des öffentlichen Dienstes, die in einem öffentlich-rechtlichen Dienst- und Treueverhältnis zu ihrem Dienstherrn stehen. Sie arbeiten für den Bund, ein Land oder eine Kommune und erfüllen Aufgaben, die von besonderem Interesse für die Allgemeinheit sind. Von Beamten wird erwartet, dass sie im Sinne ihres Dienstherrn handeln. Sie dürfen zum Beispiel nicht streiken. Im Gegenzug kümmert sich der Dienstherr um seine Beamten. Er kann sie nicht entlassen und versorgt sie auf Lebenszeit.

Ein ernstes Wort zu Hartz IV

»Was willst du werden?« – »Hartz IV. Dann kriege ich mein Geld, ohne dafür zu arbeiten.« Solche Unterhaltungen machen zuweilen die Runde, und Sie sollten wissen, was davon zu halten ist.

»Hartz IV« ist die umgangssprachliche Bezeichnung für das Arbeitslosengeld II. Das ist eine Hilfe nach dem Sozialgesetzbuch, die denjenigen zusteht, die erwerbsfähig und gleichzeitig hilfebedürftig sind. Das sind entweder Menschen, die arbeiten können, aber keine Arbeit finden, oder Menschen, die mit ihrer Arbeit so wenig verdienen, dass sie davon ihren Lebensunterhalt nicht bestreiten können. Beide Gruppen sind *nicht* in einer erstrebenswerten Situation. Es drückt nämlich mächtig aufs Selbstbewusstsein, wenn man sich nicht selbst ernähren kann. Man *will* doch gerne etwas leisten. Wer also sagt, er wolle Hartz IV werden, hat entweder keine Ahnung, wovon er redet, oder ist fertig mit sich und der Welt. Bei genauem Hinschauen *kann* Hartz IV kein Berufswunsch sein.

Stellenanzeigen

Zeigen, was der Arbeitsmarkt bietet

Stellenanzeigen sagen etwas über den Arbeitsmarkt, deshalb sind sie auch für die Orientierung interessant. Vielleicht schauen Sie ab und zu in die Wochenendausgaben einer Tageszeitung oder in Stellenbörsen im Internet. Beim Durchblättern oder Scrollen wird Ihnen sehr schnell etwas aufgefallen sein: Viele Stellen sind mit englischen Titeln ausgezeichnet. »Assistentin des CEO«, »Mitarbeiter im Billing-Service«, »Customer Hotline Officer«, »Key Account Manager« – so geht das in allen Bereichen.

Wirkung: verwirren und abschrecken

Wenn man solche Anzeigen in großer Anzahl liest, kann einem glatt das Herz in die Hose rutschen. Erstens versteht man nichts; zweitens kommt man sich so ausgeschlossen vor. Man denkt, der Arbeitsmarkt sei so etwas wie ein Club der Eingeweihten, und da gehöre man nicht dazu. Der Arbeitsmarkt sei für die anderen und nicht für einen selbst.

Absicht: dicketun

Dieser Gedanke ist falsch. Die vielen englischen Bezeichnungen haben einen ganz anderen Hintergrund: Sie sollen das Unternehmen besser aussehen lassen. Es soll nicht klein und provinziell wirken, sondern wichtig und weltläufig. Eine Stellenanzeige dient nie allein der Personalsuche, sondern immer auch der Selbstdarstellung. Und manchmal überlagert die Werbung in eigener Sache die tatsächliche Information über die Stelle. In Wirklichkeit wird aber trotzdem nur mit Wasser gekocht.

Werbesprache

Der hohe Werbeanteil in Stellenanzeigen zeigt sich auch daran, wie die Anforderungen beschrieben sind. So heißt es zum Beispiel »perfekte Deutschkenntnisse« oder »fließendes Englisch in Wort und Schrift«. Diese Beschreibungen sind übertrieben. Niemand ist perfekt und kaum ein Nichtmuttersprachler spricht fließend Englisch. Lassen Sie sich also nicht abschrecken. Es reicht, wenn Sie einigermaßen gut sind und das Ziel haben, besser zu werden.

Durchblick: anrufen, nachfragen, mitmischen

Oft geben die Ausführungen zu erkennen, was auf den ausgeschriebenen Stellen zu leisten ist. Wenn nicht, dann bleibt nur eins: nachfragen. Überlegen Sie sich, was genau Sie wissen wollen, und rufen Sie unter der angegebenen Telefonnummer an. Die Person am anderen Ende kann Ihnen erklären, was das Unternehmen will. So bekommen Sie einen sehr unmittelbaren Eindruck davon, wie es im Beruf zugeht.

Übersetzungshilfen

»CEO« steht für »Chief Executive Officer«. Das ist der Hauptgeschäftsführer oder Unternehmensvorstand.
»Billing-Service« ist die Abteilung, die sich um die Rechnungen kümmert.
Ein »Customer Hotline Officer« ist ein Mitarbeiter am Kundentelefon.
Ein »Key Account Manager« ist ein Betreuer wichtiger Kunden.

Der Arbeitsmarkt

Grundprinzip

Der Arbeitsmarkt ist ein Markt mit einem Angebot an Arbeitskräften und einer Nachfrage aufseiten der Arbeitgeber. Angebot und Nachfrage sollen möglichst ausgeglichen sein. Überwiegt das Angebot, dann hat man Arbeitslosigkeit; überwiegt die Nachfrage, dann hat man einen Fachkräftemangel.

Besonderheiten

Die Definition klingt einfach, aber in Wirklichkeit ist der Arbeitsmarkt ein sehr empfindliches Gebilde, das vielen Einflüssen ausgesetzt ist. Eine Katastrophe am anderen Ende der Welt kann sich bei uns bemerkbar machen. Denn der nationale Arbeitsmarkt ist eingebunden in die weltweiten natürlichen, wirtschaftlichen und politischen Entwicklungen.

Damit nicht allzu rohe Kräfte walten, greift der Staat mit ausgleichenden Maßnahmen ein. Das sind zum Beispiel die Gesetze zur Arbeitsförderung. Die sollen dafür sorgen, dass möglichst alle Erwerbsfähigen, ob jung oder alt, körperlich eingeschränkt oder nicht, sehr gut ausgebildet oder eher mäßig, Arbeit finden. Und dass möglichst alle offenen Stellen besetzt werden.

Einen wichtigen Gesichtspunkt muss man beim Arbeitsmarkt immer mit bedenken. Es geht nicht um irgendeine

Ware, sondern um menschliche Existenzen. Und damit muss man besonders verantwortungsvoll umgehen. Das ist der Grund, warum der Arbeitsmarkt so aufmerksam beobachtet und durch viele Gesetze gestützt wird.

Weitere Informationen

Der Arbeitsmarkt wird ständig beobachtet und erforscht. Dafür zuständig ist das Institut für Arbeitsmarkt- und Berufsforschung (IAB). Das IAB ist eine Einrichtung der Bundesagentur für Arbeit, im Internet vertreten unter der Adresse www.iab.de. Hier werden vor allem Forschungsergebnisse präsentiert, aber auch Laien finden interessante Informationen.

Bewegungen

Jahreszeitliche Schwankungen

Der Arbeitsmarkt ist ständig in Bewegung. Manche Bewegungen sind kurzfristig. So steigt die Arbeitslosigkeit fast jeden Winter, und zwar wegen des Wetters: Auf dem Bau kann dann nicht so viel gearbeitet werden. Das ist für Sie nur dann bedenkenswert, wenn Sie eine Ausbildung im Baugewerbe anstreben.

Langfristige Entwicklungen

Der Arbeitsmarkt lässt auch längerfristige Perspektiven erkennen. Die hängen zusammen mit der gesamtwirtschaftlichen und gesellschaftlichen Entwicklung. Einige dieser Entwicklungen kann man sich sogar als Laie ausrechnen, wenn man nur offenen Auges durch die Welt geht.

Zum Beispiel diese hier:

Altenhilfe

- Die Gesellschaft wird immer älter. Viele alte Menschen können sich nicht mehr allein versorgen. Sie brauchen vielfältige Hilfen. Deshalb wird es in der Altenhilfe viele Arbeitsplätze geben.

Gesundheit

- Menschen wollen nicht nur alt werden, sondern auch gesund bleiben und sich rundum wohlfühlen. Somit haben die Berufe gute Aussichten, die die Gesundheit fördern, erhalten oder wiederherstellen.

Freizeitindustrie

- Die arbeitsfreie Zeit nimmt zu, also gewinnt die Gestaltung der Freizeit an Bedeutung. Dazu gehören Reisen, Unterhaltung und Wellness. Diese Branchen müssen sich individuell um ihre unterschiedlichen Zielgruppen kümmern – und das erfordert einige Arbeitskraft.

Kinderbetreuung

- Die Kinderbetreuung soll weiter ausgebaut werden, damit Familie und Beruf besser vereinbar sind. Also wird es viele Stellen geben rund um die Erziehung und Betreuung von Kindern.

IT-Branche

- Nichts geht ohne Informationstechnologie. Sie ist eine Branche für sich, die kontinuierlich weiterentwickelt wird, aber sie durchdringt auch alle anderen Branchen. Deshalb werden IT-Fachkräfte auf absehbare Zeit überall gefragt sein.

Erneuerbare Energien

- Atomenergie ist ein Auslaufmodell. Die Abhängigkeit von Erdöl und Gas soll verringert werden. Also *müssen* die erneuerbaren Energien gestärkt werden. Dazu bedarf es weiterer Entwicklung und eben auch der Umsetzung.

Solche Herleitungen, wie sie in der Liste stehen, können Sie auch selbst vornehmen. Sie brauchen nur zu überlegen, welchen Nutzen ein bestimmter Beruf für die Gesellschaft hat:

- Bietet der Beruf etwas, was sein *muss* und was auch nur vor Ort geleistet werden kann?
- Bietet er etwas, was viele Menschen brauchen oder wollen?
- Passt er mit den Entwicklungen in der Gesellschaft und ihrer Umwelt zusammen?

Das alles können Sie umso besser beurteilen, je näher Sie das Zeitgeschehen verfolgen.

Nachrichten und Hintergründe

Was so alles passiert, können Sie schier im Vorbeigehen aufschnappen. Sie brauchen nur Nachrichten zu hören oder Schlagzeilen zu lesen. Wenn Sie darüber hinaus Hintergründe und Zusammenhänge kennen möchten, müssen Sie sich *bewusst* informieren, zum Beispiel regelmäßig Zeitung lesen. Das erweitert Ihr Allgemeinwissen und hilft Ihnen, das Geschehen einzuordnen.

Schweinezyklus

Bei Ihren Beobachtungen werden Sie früher oder später auf ein Phänomen stoßen, das man »Schweinezyklus« nennt. Das sind zyklische Schwankungen zwischen Mangel und Überangebot. Sie wurden erstmals in der Schweinezucht nachgewiesen, aber sie kommen auch auf dem Arbeitsmarkt vor.

Schweinezyklus bei Lehrern
Im Lehrerberuf ist der Schweinezyklus besonders deutlich zu beobachten. Er funktioniert so: Wenn etwa in einem Bundesland Gymnasiallehrer fehlen (Mangel), sehen viele Schulabgänger gute Chancen in diesem Beruf und beginnen ein entsprechendes Lehramtsstudium. Damit sind sie ein paar Jahre lang beschäftigt. Wenn sie fertig werden, ist allerdings von Mangel keine Rede mehr. Im Gegenteil: Es gibt es zu viele Lehrer (Überangebot). Das schreckt dann viele aktuelle Schulabgänger davon ab, fürs Lehramt zu studieren. Damit ist der nächste Mangel vorprogrammiert, und der Ablauf wiederholt sich.

Die spannende Frage für Sie wird sein, inwieweit Sie solche Schweinezyklen bei Ihrer Berufswahl berücksichtigen sollten. Die Antwort lautet: Lassen Sie sich nicht davon beeinflussen. Denn viel wichtiger als jede Bedarfsprognose ist Ihr *Wille*, einen Beruf auszuüben. Dieser Wille ist der Motor, der Sie antreibt und gut macht. Darauf kommt es an. Sollten Sie am Ende wirklich in eine Flaute hineingeraten und nicht genau die Stelle bekommen, die Sie angestrebt haben, kriegen Sie immer noch eine andere

Stelle, in der Sie Ihre Qualifikationen einsetzen können. Auch ein Lehrer hat andere Möglichkeiten, als Lehrer an einer öffentlichen Schule zu sein. Gute Qualifikationen sind überall verwertbar.

Fazit

Bei Ihrer Berufswahl sollte der Arbeitsmarkt mit drei Gedanken vertreten sein:

1) Das regelmäßige Auf und Ab können Sie außer Acht lassen.
2) Richten Sie Ihr Augenmerk lieber auf Berufsfelder mit stetiger oder steigender Nachfrage. Die erkennen Sie an der allgemeinen Entwicklung unserer Gesellschaft.
3) Denken Sie daran, dass der Arbeitsmarkt auch eine Konstante hat: Eine solide Ausbildung zahlt sich immer aus.

Lehramt – Sekretärin – Vice President
Eine junge Frau, die Gymnasiallehrerin für Sport und Französisch werden wollte, hatte zwar einen guten Abschluss in der Tasche, aber nur wenig Aussicht, in der nächsten Zeit eine entsprechende Stelle zu kriegen. Da sie ihre Zeit nicht mit Warten verbringen wollte, nahm sie kurzerhand eine Stelle als Sekretärin an. So konnte sie zumindest ihr Französisch nutzen. Neben der Arbeit studierte sie Wirtschaft. Das kostete sie viele Wochenendschichten und Urlaubstage, aber es zahlte sich aus: Die Firma übertrug ihr die Verantwortung für die europäische Verkaufsorganisation. Damit war die Frau in so einer hohen Position, dass auch andere auf sie aufmerksam wurden. Die Frau bekam attraktive Angebote. Heute ist sie Vice President Human Resources Development bei einem Autobauer. Sie setzt ihre Führungsstärke eben nicht für Schulklassen ein, sondern für Tausende Mitarbeiter.

Zeichen an der Wand

Großes Angebot, geringe Nachfrage

Es gibt Branchen, in denen chronischer Mangel an Nachwuchs herrscht. In der Pflege zum Beispiel ist das so, bei den Ärzten auf dem Land, bei den Bäckern und Fleischern sowie im Hotel- und Gaststättengewerbe. Da lohnt es sich zu bedenken, *warum* das so ist.

Zwei und zwei zusammenzählen

In der Regel greift hier ein ganz einfaches wirtschaftliches Prinzip: Was begehrt ist, ist schnell weg; was nicht weggeht, hat irgendetwas Störendes an sich. Und so verhält es sich auch bei diesen Berufen.

In der Pflege ist die körperliche und psychische Belastung sehr groß, das Einkommen gering. Landärzte haben ausgedehnte Arbeitszeiten samt Not- und Wochenenddiensten und nächtlichen Einsätzen. Bäcker fangen mitten in der Nacht an zu arbeiten, müssen oft auch sonntags ran. Fleischer machen Arbeiten, vor denen die meisten Menschen lieber die Augen verschließen, um sich nicht den Appetit zu verderben. Das Hotel- und Gaststättengewerbe verlangt körperlich anstrengende Arbeit bis tief in die Nacht für wenig Geld. Diese Nachteile liegen auf der Hand und schrecken viele davon ab, sich für diese Berufe zu entscheiden.

Eine eigene Rechnung machen

Berufe wegen ihrer Nachteile gleich abzuschreiben wäre voreilig. Nachteile *nicht* zu sehen wäre naiv. Aber es gibt auch noch einen dritten Weg: Sie können die Vorteile ans Tageslicht holen und den Nachteilen gegenüberstellen. Ein deutlicher Vorteil unbeliebter Berufe besteht darin, dass die Auswahl an Stellen so groß ist.

Ein weiterer Vorteil ist, dass die Nachteile natürlich auch ein Härtetest sind. Wenn Sie den bestehen, haben Sie schon mal einiges Durchhaltevermögen bewiesen. Wer es schafft, Nacht für Nacht in einer Backstube anzutreten, hat genügend Biss, auch noch etwas anderes zu lernen. Kein Beruf, für den Sie sich entscheiden, ist eine Endstation. Jeder Beruf eröffnet neue Aussichten. Sie brauchen nur Türen aufzumachen.

Das Arbeitsleben

40 Jahre fit bleiben

Ein Arbeitsleben erstreckt sich über rund 40 Jahre. Was Sie jetzt entscheiden, hat allerdings nicht diese Reichweite. Und das ist gut so. Die Bildungsmöglichkeiten sind mittlerweile so vielfältig, dass jeder Mensch sich zu jeder Zeit weiterbilden und beruflich verbessern kann. Voraussetzung ist nur, dass Sie bereit sind zu lernen und sich immer wieder neu zu orientieren.

Lebenslanges Lernen

Bildung ohne Ende

»Lebenslanges Lernen« klingt nach einem hohlen politischen Schlagwort, ist aber in Wahrheit eine tolle Sache. Es bedeutet nämlich, dass nie der letzte Zug abgefahren ist. Es gibt immer einen Anschluss, egal wo Sie stehen.

Hauptschule, Bäcker, Meister, Betriebswirt, Chef
Ein junger Mann, der in der Hauptschule nur mäßig begeistert war, hatte in Sachen Ausbildung zunächst keine große Wahl. Notgedrungen fing er eine Lehre bei einem Bäcker an. Doch dann passierte etwas, was ihn selbst überraschte: Es gefiel ihm. Die Arbeit war abwechslungsreich, die Ergebnisse waren greifbar, und sein Meister setzte großes Vertrauen in ihn. Er lernte sehr viel und legte am Ende eine gute Gesellenprüfung ab. Das motivierte ihn so sehr, dass er auch noch seinen Meister machte. Und den ergänzte er um eine Zusatzqualifikation als Betriebswirt des Handwerks. Heute ist der Mann Betriebsleiter in einer Großbäckerei – und Lichtjahre entfernt von der Hauptschule.

Unbegrenzte Möglichkeiten

Sie können sich mit Ihrem jetzigen oder zu erwartenden Abschluss weiterentwickeln, auch wenn er nicht der beste ist. Denn Ihr nächster Schritt – sei es ein Studium, sei es eine Ausbildung – ist nur der erste von vielen. Es bieten sich viele Folgeschritte an:

- Die Fortbildung

Fortbildung bedeutet, dass Sie sich in Ihrem Beruf weiterbilden. Sie ist ein Muss für jeden, der nicht auf der allerletzten Stelle versauern will. Das ergibt sich schon allein aus dem rasanten technischen Fortschritt. Man muss immer wieder Neues dazulernen, um überhaupt mitzuhalten. Dazu dient die Anpassungsfortbildung. Daneben gibt es die Aufstiegsfortbildung. Das sind die Fortbildungen, die Stufen auf der Karriereleiter sind, zum Beispiel der Meister oder der Techniker.

- Die Umschulung

Sie können nach Ihrem ersten Beruf immer noch einen zweiten Beruf erlernen. Viele tun das, weil sie ihren ersten Beruf nicht mehr ausüben können, zum Beispiel aus gesundheitlichen Gründen. Aber Sie können selbstverständlich auch dann umschulen, wenn Ihnen ein anderer Beruf mehr zusagt.

- Das Studium nach der Ausbildung

Das ist eine beliebte Kombination: erst die Ausbildung, dann das sachverwandte Studium. Das wäre zum Beispiel die Bankkauffrau, die BWL studiert. Sie kann danach wieder für eine Bank arbeiten, allerdings auf einer höheren Ebene.

- Ein weiteres Studium

Sie können den Studiengang, für den Sie sich jetzt entscheiden, immer noch ergänzen. Das können Sie gleich im Anschluss tun, aber auch später. Immer mehr Studiengänge lassen sich berufsbegleitend absolvieren. Sie können dann studieren, ohne Ihren Arbeitsplatz aufzugeben und finanzielle Einbußen zu erleiden. Das ist zwar sehr anstregend, aber wenn Sie es unbedingt wollen, dann werden Sie es auch schaffen.

Schulabschluss nachholen

Wenn Sie jetzt die Schule nach der Jahrgangsstufe neun oder zehn verlassen, können Sie immer noch einen höheren Schulabschluss nachholen. Auch das geht auf unterschiedlichen Wegen. Da alles Schulische in der Verantwortung der Länder liegt, lassen Sie sich am besten bei der Arbeitsagentur vor Ort beraten.

Rund um die Bildung

Bildung hat so viele Vorsilben, dass man leicht durcheinanderkommt. So ists richtig:
»Ausbildung« steht meistens für das Erlernen eines anerkannten Ausbildungsberufs.
»Fortbildung« steht für die weitere Qualifizierung innerhalb des erlernten Berufs. Das wäre etwa der Schritt vom Gesellen zum Meister.
»Umschulung« bezeichnet das Erlernen eines anderen Berufs.
»Weiterbildung« ist der Oberbegriff, der sowohl die Fortbildung als auch die Umschulung umfasst.

Das Wichtigste: einen Abschluss erlangen

Die Möglichkeiten sind vielfältig, dennoch teilen sie ein wesentliches Kriterium. Das ist der Abschluss. Der ist das A und O im Arbeitsleben. Ohne Schulabschluss ist es fast unmöglich, einen Ausbildungsplatz zu finden. Ohne abgeschlossene Ausbildung gehört man zu den ungelernten Kräften. Die sind schlecht bezahlt und in Krisenzeiten die Ersten, die gehen müssen.

Wofür der Abschluss steht

Ein Abschluss ist für Arbeitgeber ein wichtiges Signal. Er steht nicht nur für Sachkunde in einem bestimmten Bereich, sondern auch für fachübergreifende Fähigkeiten und Merkmale. Mit einem Abschluss zeigen Sie dreierlei:

- Sie können lernen.
- Sie können zielorientiert arbeiten.
- Sie können sich durchbeißen.

Das sind Qualitäten, die *immer* gefragt sind. In diesem Sinne: Schließen Sie eine Ausbildung oder ein Studium ab, auch wenn Sie schon wissen, dass Sie gerade dabei sind, einen Beruf zu erlernen, den Sie nicht wirklich längere Zeit ausüben wollen. Dann haben Sie immerhin ein solides Fundament, auf das Sie Ihr weiteres Arbeitsleben nach Belieben aufbauen können.

Mit Navi unterwegs

Route neu berechnen

Navigationsgeräte berechnen eine Route im Voraus und – das ist fast noch das Beste – sie reagieren auf Änderungen. Wenn Sie einmal anders fahren als vorgegeben, wird die Route neu berechnet. So können Sie das auch auf Ihrem Weg durchs Arbeitsleben machen: Von jedem Etappenziel aus peilen Sie die Lage neu und bestimmen Ihr nächstes Ziel. Das Ergebnis ist ein von Ihnen gestaltetes Arbeitsleben.

Aktiv gestalten

Die aktive Gestaltung verleiht dem Arbeitsleben eine ganz andere Qualität, als ein lediglich hingenommenes Arbeitsleben sie haben kann. Im Gegenzug verlangt sie von Ihnen drei Leistungen:

1) Sie müssen immer am Ball bleiben und sich informieren.

Schließlich können Sie nur die Aufstiegsmöglichkeiten nutzen, die Sie kennen. Warten Sie lieber nicht darauf, dass andere Ihnen Angebote nachtragen. Seien Sie Selbstversorger.

2) Sie müssen immer wieder aufs Neue entscheiden.

Entscheidungen sind oft unbequem, sodass man sich gerne davor drückt. Aber sie sind immer lohnend, denn sie verhindern Stillstand.

3) Sie müssen sich anstrengen.

Wer auf der faulen Haut liegt, macht keine Fortschritte. Dazu muss man sich ins Zeug legen.

Weiter so!

Ihr großer Vorteil ist: Sie praktizieren das alles jetzt schon. Sie informieren sich, Sie treffen Entscheidungen und Sie tun Ihr Bestes, um den richtigen Beruf zu finden. Sie brauchen eigentlich nur so weiterzumachen.

Wege erkunden

Worum es in diesem Kapitel geht

Dieses Kapitel handelt von den Wegen in den Beruf. Es zeigt Ihnen Ausbildungswege. Es hilft Ihnen, Ihre eigenen Ideen auf den Weg zu bringen; und es liefert Ihnen Vorschläge für lohnende Umwege. Im Einzelnen:

1) Ausbildungswege kennenlernen

Angebote im Überblick

Viele denken bei ihrer Berufswahl nur an zwei Möglichkeiten: an die Ausbildung in einem Betrieb und ans Studium. Das sind tatsächlich die Wege, die am häufigsten beschritten werden, aber es sind nicht die einzigen. Sehen Sie, was es sonst noch gibt, und machen Sie sich ein Bild von den einzelnen Angeboten. Danach wird sich Ihnen unweigerlich eine Frage aufdrängen: »Was ist denn nun das Beste?«

2) Zur Sache kommen

Realitätscheck

»Ich will irgendwas machen mit Medien/Wirtschaft/Computern/Technik/Tieren/Kindern/...« Vielleicht ist das auch Ihr Stand bei der Berufswahl. Dann wäre zu prüfen, wie viel Gehalt in diesen Ideen steckt. Stellen Sie Fragen und sehen Sie, was übrig bleibt. Öffnen Sie danach gleich noch eine weitere Tür für die Realität: Prüfen Sie, wie Ihre Ideen mit Ihren persönlichen Umständen zusammenpassen.

3) An Umwege denken

Sich zu helfen wissen

Es ist immer gut, Alternativen zu haben. Deshalb sollten Sie auch darüber frühzeitig nachdenken. Wenn Sie den Eindruck haben, Sie könnten überhaupt noch mehr Zeit zum Nachdenken gebrauchen, dann könnte für Sie auch eine kreative Auszeit interessant sein. Die verändert die Perspektive und bringt neue Ideen ans Licht.

Ausbildungswege

System im Umbau

Das Bildungssystem ist immer im Umbau. Das muss auch so sein, denn es muss ja kontinuierlich angepasst werden an die Veränderungen in der Gesellschaft, an die Bedürfnisse der Wirtschaft und nicht zuletzt an den (internationalen) Markt.

Verwirrende Vielfalt

Allen Umbaumaßnahmen liegt ein und derselbe Gedanke zugrunde: Die Ausbildung, egal welcher Art, soll einen Menschen möglichst gut vorbereiten für einen sinnvollen Einsatz auf dem Arbeitsmarkt. Die Maßnahmen an sich sind vielfältig und gar nicht mehr leicht zu überschauen. Das Ganze wird zusätzlich erschwert durch uneinheitliche Bezeichnungen und Eigenheiten der Bundesländer.

Wichtig: der Überblick

Für Sie ist es zunächst einmal wichtig zu wissen, welche Grundmodelle es gibt. Den länderspezifischen Varianten und anderen Einzelheiten können Sie nachgehen, wenn ein Modell Sie besonders interessiert.

Die Angebote im Überblick

Vereinfachen hilft. Also sehen Sie es für den Anfang mal so: Sie können erstens eine betriebliche Berufsausbildung machen, zweitens eine schulische. Sie können sich drittens für eine Beamtenlaufbahn vorbereiten. Sie können viertens studieren, und Sie können fünftens Ihr Studium mit einer Berufsausbildung verbinden. Hier sind die fünf Möglichkeiten auf einen Blick:

1) Betriebliche Berufsausbildung

Lehre

- Zugangsvoraussetzung: theoretisch keine; praktisch bestimmen die Betriebe
- Bereiche: Handwerk, Industrie, Handel, Verwaltung, freie Berufe, Landwirtschaft
- Lernorte: Betrieb und Berufsschule
- Dauer: zwischen 1 ½ und 3 ½ Jahre
- Abschluss: Abschluss im anerkannten Ausbildungsberuf

Berufsfachschule

2) Schulische Berufsausbildung
- Zugangsvoraussetzungen: je nach Beruf unterschiedlicher Schulabschluss
- Bereiche: zum Beispiel Gesundheits- und Sozialberufe, Fremdsprachenberufe
- Lernorte: Berufsfachschule (oder ähnliche Schule) mit Praxisphasen
- Dauer: zwischen 2 und 3 ½ Jahre
- Abschluss: Abschluss im anerkannten Ausbildungsberuf

Beamte

3) Ausbildung für eine Beamtenlaufbahn
- Zugangsvoraussetzung: je nach Laufbahn unterschiedlich
- Bereiche: alle Bereiche, die in öffentlicher Hand liegen
- Lernorte: Dienststelle und entsprechende Schule
- Dauer: zwischen 1 und 3 Jahre
- Abschluss: Befähigung für die entsprechende Laufbahn

Studieren

4) Studium
- Zugangsvoraussetzung: Hochschulreife
- Bereiche: alle Fächer
- Lernorte: Universität oder Fachhochschule
- Dauer: mindestens 3 Jahre
- Abschluss: Bachelor, Master oder Staatsexamen

Duales Studium

5) Ausbildungsintegrierendes Studium
- Zugangsvoraussetzungen: Hochschulreife
- Bereiche: vor allem Betriebswirtschaft, Informatik, Ingenieurwissenschaften
- Lernorte: Hochschule und Betrieb, eventuell Berufsschule
- Dauer: meistens vier Jahre
- Abschluss: Bachelor plus Abschluss in anerkanntem Ausbildungsberuf

Die Angebote im Einzelnen

Im Folgenden sind die einzelnen Angebote näher beschrieben. Mit diesen Beschreibungen können Sie sich zumindest so weit informieren, dass Sie sehen, ob ein Angebot Ihnen besonders zusagt. Wenn ja, dann nutzen Sie die angegebenen Quellen, um mehr zu erfahren.

Die betriebliche Berufsausbildung

Konzept

Die betriebliche Berufsausbildung oder Lehre ist ein altes und bewährtes Modell. Sie läuft immer nach einem Muster ab: Die Ausbildung findet zu rund drei Fünfteln im Betrieb statt, zu zwei Fünfteln in der Berufsschule. Im Betrieb werden die Auszubildenden nach und nach in alle anfallenden Arbeiten eingewiesen.
So lernen sie ihren Beruf praktisch und von der Pike auf. In der Berufsschule wird die zum Beruf gehörige Theorie vermittelt und die Allgemeinbildung vertieft. So ist gewährleistet, dass alle Azubis einen einheitlichen Stand erreichen und sich nach der Ausbildung überall bewerben können. Wegen der Zweigleisigkeit – Praxis im Betrieb, Theorie in der Schule – spricht man auch von einer »dualen Berufsausbildung«.

Qualitätssicherung

Grundlage der betrieblichen Berufsausbildung ist das Berufsbildungsgesetz, für das Handwerk auch die Handwerksordnung. Jeder Ausbildungsberuf hat seine eigene Ausbildungsordnung. Die schreibt genau vor, was der Auszubildende in welcher Zeit lernen muss. Dadurch wird die Qualität gesichert.

Bier holen und Boden wischen

Azubis sind im Betrieb, um einen Beruf zu erlernen. Der Ausbilder darf ihnen nur solche Aufgaben übertragen, die dem Ausbildungszweck dienen. Er darf sie nicht zu fachfremden Aufgaben heranziehen oder als billige Arbeitskraft missbrauchen. Über die fachliche und persönliche Eignung des Ausbilders wachen die zuständigen Stellen, etwa die Kammern. Gleichwohl gilt immer noch: Lehrjahre sind keine Herrenjahre. Das heißt übersetzt: Wenn es wirklich mal Bier zu holen oder einen Boden zu wischen gibt, ist eher der Azubi dran als der Meister.

Ausbildungsvertrag

Bevor die Ausbildung überhaupt beginnen kann, müssen Ausbildungsbetrieb und Auszubildender einen Ausbildungsvertrag schließen. Dessen Inhalt muss der Ausbildungsbetrieb schriftlich niederlegen; in der Regel benutzt er dazu ein Vertragsformular. Die Vertragsniederschrift enthält eine ganze Reihe von Pflichtangaben, im Einzelnen:

- zum Ziel und zur Gliederung der Ausbildung,
- zu Beginn und Dauer der Ausbildung,
- zur Dauer der Probezeit,
- zu den Ausbildungsmaßnahmen außerhalb des Betriebs,
- zur regelmäßigen täglichen Ausbildungszeit,
- zum Urlaubsanspruch,
- zur Ausbildungsvergütung,
- zu den Voraussetzungen für eine Kündigung,
- zu den anzuwendenden Tarifverträgen und Betriebsvereinbarungen.

Die Vertragsniederschrift muss von allen Beteiligten unterschrieben werden, bei Minderjährigen auch von einem gesetzlichen Vertreter. Der Auszubildende erhält eine Ausfertigung. Der Ausbildungsbetrieb muss den Vertrag außerdem der zuständigen Stelle vorlegen. Bei den meisten Berufen ist das eine Kammer, zum Beispiel die Handwerkskammer, die Industrie- und Handelskammer oder die Rechtsanwaltskammer. Die zuständige Stelle prüft und registriert den Vertrag. Das ist eine zusätzliche Absicherung für die Azubis.

Ausbildungsvergütung

Die Ausbildungsvergütung variiert je nach Beruf, Region und Betrieb; sie erhöht sich mit jedem Ausbildungsjahr. Die Unterschiede zwischen den Berufen sind beträchtlich: Maßschneider zum Beispiel fangen an mit rund 165 Euro, Binnenschiffer dagegen mit rund 850 Euro. Wo die Ausbildungsvergütung nicht zum Leben reicht, sorgt die Agentur für Arbeit für Ausgleich: Sie kann eine Berufsausbildungsbeihilfe gewähren.

Berufsausbildungsbeihilfe

Abschluss

Am Ende der Ausbildung legt der Azubi eine Prüfung vor der zuständigen Stelle ab. Wie diese Prüfung abläuft, das ist festgelegt in der jeweiligen Ausbildungsordnung und Prüfungsordnung. Bei bestandener Prüfung erhält der Azubi ein Prüfungszeugnis. Im Betrieb hat er Anspruch auf ein Arbeitszeugnis. Mit diesen Zeugnissen ist er gerüstet für Bewerbungen im Beruf.

Schwarz auf weiß

Sobald Sie auch nur in Richtung Berufsausbildung denken, sollten Sie sich die folgenden Broschüren bestellen:

- »Jo B. Das Job-Lexikon«
- »Ausbildung & Beruf: Rechte und Pflichten während der Berufsausbildung«

Nähere Angaben finden Sie im letzten Kapitel des Buchs.

Vorteile

Sie werden es schon beim Lesen gemerkt haben: Die betriebliche Berufsausbildung ist vom Konzept her sehr gut durchdacht. Sie bietet ein solides Fundament für den Beruf. Sie ist so ziemlich jedem ein Begriff und wird von Arbeitgebern hoch geschätzt.

Daneben hat sie noch eine ganze Reihe weiterer Vorteile:

- Die betriebliche Berufsausbildung gibt es überall: in jeder Branche, in jedem Bundesland, in großer Auswahl.
- Ihre Dauer ist kompakt und überschaubar.
- Sie ermöglicht es dem Azubi, eigenes Geld zu verdienen.
- Sie vermittelt Kenntnisse vor allem auf praktische Art. Das ist anschaulicher als theoretische Arbeit.
- Sie gibt dem Azubi starken Halt: Die Arbeitszeiten sind festgelegt, und der Ausbilder schaut sehr genau hin. Das ist vor allem für diejenigen von Vorteil, die von sich aus nicht so diszipliniert sind.
- Sie bereitet bestens aufs Arbeitsleben vor. Denn als Azubi steht man ja mittendrin.

Erste Adressen

Die Informationen zur Berufsausbildung sind bestens aufbereitet, und zwar von verschiedenen Stellen.

- Die Bundesagentur für Arbeit liefert Beschreibungen zu Berufen und ihren Ausbildungswegen in der Datenbank www.berufenet.arbeitsagentur.de. In gedruckter Form informiert sie in dem Buch »Beruf aktuell«.
- Das Bundesinstitut für Berufsbildung informiert auf der Internetseite www.bibb.de. Hier können Sie sich sämtliche anerkannten Ausbildungsberufe zeigen lassen. Neue und modernisierte Berufe werden extra aufgeführt.

Mehr zu diesen Quellen erfahren Sie im letzten Kapitel.

Abiturientenausbildungen

Zum Schluss noch ein Hinweis für Menschen mit Hochschulreife: Für Sie gibt es Ausbildungen mit einem Extradreh, die sogenannten »Abiturientenausbildungen«. Diese Sonderausbildungen nutzen den schulischen Vorsprung, um die normale Ausbildungszeit zu verkürzen und gleich noch zusätzliche Qualifikationen obendrauf zu setzen. Zum Beispiel: Ein Handelskonzern bietet Abiturienten die

Möglichkeit, innerhalb von zwei (statt drei) Jahren die Ausbildung zum Einzelhandelskaufmann zu absolvieren und sich in weiteren zwei Jahren zum Handelsfachwirt weiterzubilden.
Die Abi-Azubis erwerben also zwei Abschlüsse in vier Jahren und können damit schneller Karriere machen im Konzern. In der Regel sind es größere Unternehmen, die solche Angebote vorhalten. Sie sorgen damit selbst für hoch qualifizierten Nachwuchs. Wer welche Zusatzqualifikationen anbietet, das können Sie in der Datenbank www.ausbildungplus.de recherchieren oder in der Berufsberatung Ihrer Arbeitsagentur erfragen.

Die schulische Berufsausbildung

Nur für besondere Berufe

Es gibt Berufe, die man nicht in einem Betrieb lernen kann, sondern nur in einer Schule. Das gilt zum Beispiel für die folgenden Bereiche:

- im Gesundheits- und Sozialwesen: Gesundheits- und Krankenpfleger, Heilerziehungspfleger, Erzieher
- im naturwissenschaftlich-technischen Bereich: Medizinisch-technischer Laboratoriumsassistent, physikalisch-technischer Assistent, umweltschutztechnischer Assistent
- im Bereich Kunst und Medien: Modedesigner, gestaltungstechnischer Assistent, Medienassistent
- im Bereich Fremdsprachen: Fremdsprachenkorrespondent, Touristikassistent

Berufsfachschulen

Die Schulen, die solche Ausbildungen vermitteln, sind Berufsfachschulen oder ähnliche Schulen. Die Ausbildungen sind zum Teil landesrechtlich geregelt, also nicht in allen Bundesländern gleich.

Finanzen

Wer eine schulische Berufsausbildung macht, bekommt in der Regel keine Ausbildungsvergütung. Eine Ausnahme sind die Alten- und Krankenpflegeschulen. Sie sind meistens einer Altenpflegeeinrichtung oder einem Krankenhaus angegliedert, wo die Schüler einen umfangreichen praktischen Teil leisten. Die Schüler erhalten für die gesamte Dauer der Ausbildung ein Ausbildungsentgelt. In anderen Ausbildungsgängen wird für das erforderliche Praktikum eine Vergütung gezahlt. Kosten für den Schulbesuch fallen nur bei privaten Schulen an; staatliche Schulen bieten die Ausbildung kostenfrei.

Ablauf und Abschluss

Berufsfachschulen vermitteln die beruflichen Inhalte im Vollzeitschulunterricht, der allerdings durch Praxisphasen in geeigneten Betrieben ergänzt wird. Wann und in welchem Umfang der praktische Teil stattfindet, das variiert je nach Ausbildung. Zum Schluss wird eine Prüfung abgelegt, etwa vor einem Prüfungsausschuss an der Schule. Mit Bestehen der Prüfung wird der anerkannte Abschluss erlangt.

Von Fach zu Fach unterschiedlich

Schulische Berufsausbildungen haben nur einen kleinen gemeinsamen Nenner. Umso wichtiger ist es, dass Sie sich sorgfältig informieren. Nutzen Sie dazu die Beschreibungen in www.berufenet.arbeitsagentur.de. Die sind verlinkt mit der Seite www.kursnet.arbeitsagentur.de. Hier können Sie sich gleich die infrage kommenden Schulen ansehen.

Ausbildung für eine Beamtenlaufbahn

Im öffentlichen Dienst

Beamte arbeiten für die Einrichtungen des Staates, zum Beispiel für die Verwaltung oder die Polizei. Sie stehen in einem Dienstverhältnis mit besonderen Rechten und Pflichten. Ihre Tätigkeiten werden unterschiedlichen Laufbahnen zugeordnet, die sich nach der Vor- und Ausbildung richten. In einigen Bundesländern ist das noch der klassische einfache, mittlere, gehobene und höhere Dienst. Andere Bundesländer haben die Laufbahnen umstrukturiert, wieder andere sind gerade dabei.

Bildungsvoraussetzungen

In der klassischen Vierteilung sehen die Zugangsvoraussetzungen so aus: Für den einfachen Dienst reicht ein Hauptschulabschluss. Diese Laufbahn ist jedoch selten gefragt. Für den mittleren Dienst brauchen Sie in der Regel einen mittleren Bildungsabschluss. Beim gehobenen Dienst brauchen Sie für die nicht technische Laufbahn Abitur oder Fachhochschulreife, für die technische Laufbahn einen Bachelorabschluss in einem ingenieurwissenschaftlichen Fach. Für den höheren Dienst wird ein Masterabschluss verlangt. Grundsätzlich gilt: Je höher die Laufbahn, desto mehr Vorbildung müssen Sie mitbringen.

Beamtenrechtliche Voraussetzungen

Unabhängig von der Laufbahn sind die folgenden Bedingungen zu erfüllen: Sie brauchen die deutsche Staatsangehörigkeit oder die Staatsangehörigkeit eines anderen Mitgliedstaates der Europäischen Union. Sie dürfen nicht vorbestraft sein und Sie müssen fest zum Grundgesetz stehen. Im Übrigen wird die Eignung in Auswahlverfahren festgestellt.

Vorbereitungsdienst mit Anwärterbezügen

Beamte lernen ihren Beruf als Beamtenanwärter im Vorbereitungsdienst. Der verläuft zweigleisig: mit einem praktischen Teil in der Dienststelle und einem schulischen Teil. Der nimmt mit der Höhe der Laufbahn zu. Ab der gehobenen Laufbahn wird er in der Regel als Studium an einer Fachhochschule für öffentliche Verwaltung absolviert. Während ihres Vorbereitungsdienstes erhalten die Anwärter eine Vergütung. Das sind die sogenannten Anwärterbezüge.

Abschluss

Der Vorbereitungsdienst endet mit der jeweiligen Laufbahnprüfung. Ist ein Studium integriert, so wird auch ein akademischer Grad erworben, ein Bachelor of Arts. Danach kann die Ernennung zum Beamten auf Probe erfolgen, und erst nach der Probezeit kann man Beamter auf Lebenszeit werden.

Tipp

Das Beamtentum ist eine Welt für sich. Was es alles gibt und was wie geregelt ist, das sehen Sie unter www.berufenet.arbeitsagentur.de, wenn Sie das Suchwort »Beamter« eingeben und die Optionen anklicken. Vom theoretischen Teil der Ausbildungen können Sie sich einen Eindruck verschaffen, indem Sie die Internetseiten von Verwaltungsfachhochschulen besuchen und dort die Studienordnungen aufrufen. Bewerbungen sind an die Behörde zu richten, für die man arbeiten möchte, nicht an die Verwaltungsfachhochschule.

Studium

Verschiedene Arten von Hochschulen

Zum Studium geht man an eine wissenschaftliche Hochschule. Wissenschaftliche Hochschulen kommen in unterschiedlichen Prägungen vor: Es gibt Universitäten und Hochschulen mit vergleichbaren Aufgaben, Kunst- und Musikhochschulen und Fachhochschulen (die heute oft auch »Hochschulen für angewandte Wissenschaften« oder einfach »Hochschulen« heißen).

Unterschied Uni – FH

Die wichtigste Unterscheidung ist die zwischen Universitäten und Fachhochschulen. Universitäten sind stark auf Wissenschaft und Forschung ausgerichtet. Hier können Sie auch Fächer studieren, die nicht unmittelbar auf einen Beruf ausgerichtet sind, etwa Germanistik oder Philosophie. Fachhochschulen dagegen sind mehr praxisorientiert. Sie bereiten sehr direkt auf berufliche Tätigkeiten vor. Die wissenschaftlichen Erkenntnisse und Methoden sind eher Mittel zum Zweck.

Zugangsvoraussetzungen

Für ein Studium brauchen Sie die Hochschulreife.

- Mit dem Abitur können Sie alle Fächer an allen Hochschulen studieren.
- Mit der fachgebundenen Hochschulreife können Sie die Fächer Ihrer Fachrichtung an allen Hochschulen studieren.
- Mit der Fachhochschulreife können Sie an einer Fachhochschule studieren.

So ist der Zugang *grundsätzlich* geregelt; aber es gibt auch Ausnahmen.

Zulassungsbeschränkungen

Die meisten Studienfächer bieten genug Plätze für alle Bewerber. Wenn das nicht so ist, wird die Zulassung beschränkt. Es gibt örtliche Zulassungsbeschränkungen, die nur für eine Hochschule gelten. In dem Fall führt die Hochschule ihr eigenes Auswahlverfahren durch oder sie lässt es durchführen. Daneben gibt es bundesweite Zulassungsbeschränkungen. Das ist der Numerus clausus. In dem Fall läuft die Bewerbung über das Bewerbungsportal der Stiftung für Hochschulzulassung, im Internet unter www.hochschulstart.de.

Schwarz auf weiß

Wenn Sie an ein Studium denken, brauchen Sie das Handbuch »Studien- & Berufswahl«. Es erklärt alles, was man übers Studium wissen muss, und enthält ein Verzeichnis sämtlicher Studiengänge. Es wird jährlich aktualisiert.

Ablauf

Das Studium an einer Universität lässt sich in weiten Teilen individuell gestalten. Studierende können sich aussuchen, wann sie welche Kurse belegen. An Fachhochschulen ist der Ablauf straffer organisiert. Es gibt mehr Vorgaben, die zu beachten sind; und in der Regel sind auch Praxisphasen integriert. In allen Fällen sollten Studierende versuchen, sich an die vorgegebene Regelstudienzeit zu halten.
Studierende arbeiten viel in Eigenregie. Sie erbringen Leistungsnachweise in Form von Klausuren und Hausarbeiten. Damit sammeln sie Leistungspunkte oder Creditpoints. Am Ende des Studiums stehen eine große Abschlussarbeit und eine Abschlussprüfung.

Abschluss

Die meisten Studiengänge werden mit einem Bachelor abgeschlossen. Auf den Bachelor können Sie in einem weiteren Studium einen Master aufbauen. Studiengänge wie Medizin, Jura und überwiegend auch noch Lehramt werden mit einem Staatsexamen beendet. Die alten Diplom- und Magisterstudiengänge sind immer mehr auf dem Rückzug.

Zum Schluss: die Geldfrage

Oben ist das reine Studium vorgestellt, nicht das Drumherum. Dabei spielt das auch eine wichtige Rolle, schon allein wegen der Geldfrage. Zunächst einmal zu den Kosten: Während des Studiums müssen Sie Ihren Lebensunterhalt bestreiten. An die Hochschule zahlen Sie einen Semesterbeitrag. In einigen Bundesländern werden zusätzlich Studiengebühren erhoben.

Erste Adresse

Für Studieninteressierte gibt es zwei Adressen, an denen kein Weg vorbeiführt:

- Die Bundesagentur für Arbeit und die Bundesländer informieren auf der Seite www.studienwahl.de über alle Studiengänge an deutschen Hochschulen.
- Die Hochschulrektorenkonferenz gibt Ihnen einen Kompass in die Hand, und zwar mit www.hochschulkompass.de. Hier können Sie sich Informationen über Hochschulen und Studiengänge anzeigen lassen.

Nähere Angaben zu diesen Internetseiten finden Sie im letzten Kapitel.

Nun zur Finanzierung: Die große Mehrheit der Studierenden wird von den Eltern unterstützt. Wenn das Einkommen der Eltern zur Unterstützung nicht reicht, kann ein Anspruch auf BAföG bestehen. Das ist die Förderung nach dem Bundesausbildungsförderungsgesetz. Zwei Drittel der Studierenden jobben neben dem Studium. Weitere Möglichkeiten der Finanzierung sind Stipendien oder Studienkredite.

Infos zur Finanzierung

Wenn Sie im Zuge Ihrer Vorüberlegungen der Geldfrage weiter nachgehen möchten, besuchen Sie die folgenden Seiten:

- www.das-neue-bafoeg.de
  Hier informiert das Bundesministerium für Bildung und Forschung über BAföG, Bildungskredit und Begabtenförderung.
- www.studentenwerke.de
  Hier informiert das Deutsche Studentenwerk ausführlich über alle Fragen der Finanzierung.

Ausbildungsintegrierendes Studium

Ausbildung und Studium in einem

Eine betriebliche Ausbildung und ein Studium sind eine ideale Kombination von Praxis und Theorie. Nacheinander absolviert, nehmen sie allerdings sehr viel Zeit in Anspruch. Diesen Nachteil kann man umgehen, indem man betriebliche Ausbildung und Studium ineinander verschränkt. Das Ergebnis ist ein Doppelpack: das ausbildungsintegrierende Studium. Es führt zu einem doppelten Abschluss: einem im Ausbildungsberuf, einem an der Hochschule.

Die feinen Unterschiede

Die Kombination Studium plus Praxis – auch »duales Studium« genannt – kommt in unterschiedlichen Ausführungen vor, so auch in den Berufsakademien einzelner Bundesländer. Die Gemeinsamkeit aller Modelle liegt im hohen Praxisanteil. Die Unterschiede liegen in den Abschlüssen. Nur beim ausbildungsintegrierenden Studium werden ein Hochschulabschluss *und* ein Berufsabschluss erworben.

Beteiligte

Ein ausbildungsintegrierendes Studium setzt voraus, dass ein Betrieb eng mit einer Hochschule zusammenarbeitet. Bei den Betrieben handelt es sich in der Regel um größere Unternehmen. Geben Sie in Google den Suchbegriff »duales Studium« ein, dann kriegen Sie auf Anhieb einige gezeigt. Bei den Hochschulen handelt es sich meistens um Fachhochschulen. Die Bewerbung um eine solche doppelte Ausbildung ist an den Betrieb zu richten.

Ablauf

Das ausbildungsintegrierende Studium funktioniert nur deshalb, weil es die Lernstoffe eng verzahnt und zügig präsentiert. Es wird jeder Tag genutzt. So kann zum Beispiel die betriebliche Ausbildung in die Semesterferien an der Hochschule gelegt werden. Genauso gut kann die Ausbildung tageweise stattfinden. Der Berufsschulunterricht wird meistens geblockt. Die genaue Abstimmung der einzelnen Zutaten wird für jeden Studiengang individuell vorgenommen. Eins ist immer gleich: Den Studierenden wird eine hohe Leistung abverlangt.

Vorteile

Der Lohn der Mühen ist vielfältig. Erstens erhalten die Studierenden, die ja gleichzeitig Azubis sind, eine Ausbildungsvergütung. Zweitens erlangen sie in nur vier Jahren einen Berufsabschluss *und* einen Bachelorabschluss. Drittens sind die Absolventen die Lieblinge der Arbeitgeber. Das ist kein Wunder, denn um so einen Doppelpack durchzuhalten, braucht man sehr viel Ehrgeiz und Disziplin. Das sind gern gesehene Tugenden.

Erste Adressen

Wenn Sie sich für ein ausbildungsintegrierendes Studium interessieren, besuchen Sie die Seite www.ausbildungplus.de. Hier stellt das Bundesinstitut für Berufsbildung eine Datenbank bereit, in der Sie Ausbildungsangebote suchen können.

Die Frage nach dem Besten

Was denn nun?

Nun haben Sie viel gelesen und sind darüber vielleicht etwas ungeduldig geworden. Denn es stand keine Empfehlung da und es war auch nicht zu erkennen, welcher Ausbildungsweg nun der beste ist.

Keine pauschale Antwort

Die Zurückhaltung hat einen guten Grund: Man kann schlicht nicht sagen, was das Beste ist. *Ein* Bestes für alle gibt es nicht. Zwar kann man für jeden Ausbildungsweg Vorteile aufzählen, für den einen vielleicht mehr als für einen anderen. Aber diese Vorteile gehen ja nur dann auf, wenn sie auf fruchtbaren Boden fallen. Das heißt übersetzt: Ein Ausbildungsweg muss zu *Ihnen* passen und *Ihnen* gefallen; nur dann werden Sie das Beste daraus machen.

Das Beste ist für jeden anders.

Eine Ausbildung, egal welcher Art, ist immer ein Gemeinschaftsprojekt. Auf der einen Seite steht derjenige, der das

Programm anbietet; auf der anderen Seite steht der Auszubildende, der das Programm annimmt. Wenn der keine Lust hat, ist das beste Programm für die Katz. Ein Studium an der renommiertesten Uni würde Ihnen nichts bringen, wenn Sie nicht studieren wollten. Und alle Sicherheit des Beamtendaseins würde Sie nur bedrücken, wenn Sie die Beamtenlaufbahn nicht wollten. Also lassen Sie sich nicht beeinflussen von den Patentrezepten, die im Umlauf sind und angeblich wissen, was das Beste ist. Überlegen Sie weiter, was zu Ihnen passt. Wenn Sie etwas Passendes finden, wird das wie von selbst zum Besten für Sie.

Ideen auf gutem Weg

Ideen in die Tat umsetzen

Ideen zu haben ist eine gute Sache. Man braucht sie, um voranzukommen. Allerdings braucht man dazu immer auch noch etwas anderes: Taten. *Nur* Ideen und keine Taten, das lässt einen auch auf der Stelle treten. Also holen Sie die Ideen, die Sie im Kopf haben, irgendwann hervor und testen sie auf ihre Umsetzbarkeit. Wie das geht, das können Sie jetzt sehen.

Vorstellungen konkretisieren

Ideen auflesen

Vorstellungen kommen von überall. Sie liegen schier in der Luft, und dort liest man sie auf. Vielleicht bewundern Sie im Fernsehen einen besonders coolen Moderator und denken, *das will ich auch. Ich will irgendwas mit Medien machen*. Oder Sie sehen für Ihr Leben gerne Gerichtssendungen, liegen meistens richtig mit Ihren Einschätzungen und denken, *ich will irgendwas mit Recht machen*. Oder Sie kaufen gerne Klamotten und denken, *ich will irgendwas mit Mode machen*. Oder Sie sehen einen Wurf kleiner Katzen und denken, *ich will irgendwas mit Tieren machen*. Genau so soll das auch sein. Sie sollen offenen Auges durch die Welt gehen und Impulse sammeln.

Wünschen ist nicht wissen.

Die Vorstellungen, die Sie hier und da auflesen, nisten sich gerne im Kopf ein und bleiben als Wunsch dort sitzen. Und so denken Sie denn, Sie *wüssten,* was Sie werden wollen. Eben »irgendwas mit ...«. Doch Vorsicht! Dieser Gedanke ist ein Trugschluss. Sie haben einen *Wunsch,* aber der ist weit entfernt von Wissen. Wünsche sind Gaukeleien, die nicht unbedingt etwas mit der Wirklichkeit zu tun haben. Wie sich die Wirklichkeit verhält, das müssen Sie erst noch herausfinden. Dazu stellen Sie Fragen.

Fragetechnik

Fragen funktioniert am besten, wenn man sämtliche Selbstverständlichkeiten über Bord wirft, eben *alles* infrage stellt. Das können Sie einmal durchspielen mit der Aussage: »Ich will irgendwas mit Medien machen.«

Irgendwas mit Medien

- Was ist überhaupt mit »Medien« gemeint?
  (Fernsehen, Radio, Onlinemedien, Zeitungen, Zeitschriften, Bücher)
- Welche Aufgaben erfüllen diese Medien?
  (informieren, unterhalten)
- Was brauchen die Medien, um ihre Aufgaben zu erfüllen?
  (Inhalte, Design, Technik, Management)
- In welchem dieser Bereiche sehe ich mich selbst?
- Welche Aufgaben würde ich dort gern übernehmen?
- Was gehört zu diesen Aufgaben alles dazu?
  (Das ist oft viel mehr, als Außenstehende wahrnehmen.)
- Gefällt mir auch der hintergründige Teil der Arbeit?
- Was braucht man, um die Arbeit gut zu machen?
- Bin ich geeignet für diese Arbeit?

Sie erkennen die Methode der Fragerei: Sie soll möglichst konkrete Antworten herbeiführen. Solche Antworten kann man nämlich nur geben, wenn man sich Gedanken macht und informiert. Solange man bloß in Illusionen schwelgt, wird einem nicht groß etwas einfallen.

Zerrbilder geraderücken

Das Fragen ist doppelt wichtig bei den Berufen, die in der öffentlichen Wahrnehmung so glamourös dastehen. Die Öffentlichkeit macht sich nämlich ihr Bild aus einem winzigen Splitter der Wirklichkeit, etwa aus den glorreichen

Sendeminuten des Moderators. Den großen Rest der Wirklichkeit – was der Moderator sonst noch macht – ignoriert sie. So entstehen Zerrbilder, und die können bei der Berufswahl in die Irre führen. Für die Berufswahl brauchen Sie realistische Bilder von Berufen. Sie müssen wissen, welche konkreten Tätigkeiten damit verbunden sind. Das können Sie sich – zumindest für den ersten Eindruck – auf der Seite www.berufenet.arbeitsagentur.de ansehen.

Tipp

Wenn Sie sich tatsächlich für Medien interessieren, besuchen Sie die Seite www.aim-mia.de. Hier informiert das Koordinationszentrum für die Ausbildung in den Medienberufen.

Irgendwas mit Tieren

Nehmen Sie als zweites Beispiel noch den Berufswunsch »irgendwas mit Tieren«. Hier könnten Sie so fragen:

- Mit was für Tieren?
  (Kleintiere, Großtiere, Haustiere, Nutztiere, Zootiere, Versuchstiere, wilde Tiere)
- Was will ich mit Tieren machen?
  (Tiere erforschen, schützen, heilen, versorgen, trainieren, züchten, verkaufen, verarbeiten)
- Was bringt die Aufgabe mit sich?
  (zum Beispiel auch das Quälen und Töten von Tieren, den Umgang mit Tierhaltern)
- Unter welchen Bedingungen macht man die Arbeit?
  (zum Beispiel bei Wind und Wetter im Freien, im Stall, im Labor, in Notdiensten)
- Welche Erschwernisse gibt es?
  (zum Beispiel emotionale Belastung, blutige und schmutzige Arbeit)
- Habe ich Erfahrung mit dieser Arbeit?

Der Berufswunsch »mit Tieren« entsteht oft aus Tierliebe. Das ist sicherlich eine gute Voraussetzung, um mit Tieren zu arbeiten. Nur wenn dann im Beruf das Tier als Wirtschaftsfaktor gilt, kann das die Tierliebe und die Freude am Beruf mächtig trüben. Tierberufe sind nichts für Zartbesaitete. Das können Sie sich per Fragen vor Augen führen. Wenn Sie am Ende trotzdem noch Ja sagen können, dann *wissen* Sie, dass die Richtung stimmt. Dann wäre der nächste Schritt, sich über konkrete Berufe zu informieren.

Von vagen Wünschen zu konkreten Vorstellungen

Sie erkennen jetzt selbst, wozu das Fragen gut ist: Es hilft, die Spreu vom Weizen zu trennen. Die Spreu, das sind die vielen Ideen, die Sie eher gedankenlos hinnehmen. Der Weizen, das sind die Ideen, die Sie herausschälen. Diese Ideen halten der Wirklichkeit stand, und mit denen können Sie weiterarbeiten.

Tipp

Nutzen Sie das Fragen, um sich selbst Klarheit zu verschaffen. Wenn Ihnen das allein nicht so gut gelingt, dann suchen Sie sich einen Partner und fragen Sie sich gegenseitig Löcher in den Bauch. Wo es Ihnen an Informationen fehlt, da recherchieren Sie.

Umstände einbeziehen

Prioritäten setzen

Wenn Sie schon dabei sind, Ihre Vorstellungen zu konkretisieren, dann können Sie auch gleich Ihre Umstände mit bedenken. Die werden Sie zwar im Großen und Ganzen der Berufswahl unterordnen, aber vielleicht gibt es ja doch den einen oder andern Punkt, der von vornherein mit bestimmt. Checken Sie die folgenden Punkte:

- Kind

Kinder großziehen

Haben Sie ein Kind zu versorgen? Wenn ja, dann brauchen Sie einen Ausbildungsweg, der Ihnen genügend Zeit und Flexibilität lässt, sich um Ihr Kind zu kümmern. Wenn Sie sich die Fürsorge für das Kind mit jemandem teilen, müssen Sie zusätzlich die räumliche Nähe wahren.

Mit Freund oder Freundin zusammen sein

■ Partnerschaft

Haben Sie einen Partner, mit dem Sie zusammenleben möchten? Dann kann Ihre Ausbildung nur an einem Ort stattfinden, an dem Sie beide auf Ihre Kosten kommen. Überlegen Sie auch, ob trotz Partner eine Ausbildung infrage kommt, die mit einer längeren Abwesenheit verbunden wäre, etwa mit einem Auslandssemester.

In der Familie bleiben

■ Familie

Ist es Ihnen wichtig, noch länger bei Ihren Eltern und Geschwistern zu bleiben? Dann werden Sie sich bei der Wahl Ihrer Ausbildung auf den Pendelbereich beschränken müssen.

Weiter im Verein spielen

■ Aktivitäten vor Ort

Sind Sie Mitglied in einem Schachclub? Einem Fußballverein? Einem Chor? Gibt es irgendeine Aktivität, die Sie in dieser Qualität nur vor Ort haben und die Sie weiterhin ausüben wollen? Wenn ja, dann sind Sie örtlich gebunden.

Rechnen

■ Geld

Sofern Sie keine extravaganten Sonderwünsche haben, wird auch keine Ausbildung am Geld scheitern. Denn Sie können ja unterschiedliche Geldquellen anzapfen. Trotzdem bleibt die Frage, wie Sie am günstigsten über die Runden kommen. Für das Modell, das in Zahlen am besten aufgeht, müssen Sie dann möglicherweise an anderer Stelle Abstriche in Kauf nehmen.

Rechenexempel

Studentin A hat einen Studiengang an der nächstgelegenen Uni gewählt. So kann sie bei ihren Eltern wohnen und mit dem Studententicket zur Uni pendeln. Weil sie die Miete spart, braucht sie nicht zu jobben. Sie kann sich ganz auf ihr Studium konzentrieren und ist schneller fertig. Vom Studentenleben kriegt sie nicht so viel mit.

Studentin B hat sich einen Studiengang ausgesucht, den es nur an einer weit entfernten Hochschule gibt. Dort führt sie ihren eigenen Haushalt und muss jeden Cent zweimal umdrehen. Deshalb jobbt sie in einer Kneipe. Sie braucht etwas länger als Studentin A. Aber sie ist selbstständig und fühlt sich auch so.

Wenn nicht das eine, dann das andere

Der Gedanke an Einschränkungen braucht Ihnen keine Angst zu machen. Selbst wenn *ein* Angebot umständehalber ausscheidet, finden Sie garantiert ein anderes, mit dem Sie mindestens genauso gut, wenn nicht besser bedient sind. Denn der Weg, den Sie einschlagen, soll zu allem passen: zu Ihrer Persönlichkeit *und* zu Ihren Umständen. Was nützt Ihnen ein duales Studium, wenn darüber Ihr Kind zu kurz käme? Was nützt Ihnen eine Ausbildung in München, wenn alles, was Ihnen lieb und teuer ist, in Hamburg sitzt? Sie wären nur unglücklich. Also beziehen Sie die Umstände ein, die Ihnen viel bedeuten. Denken Sie daran: Was Sie jetzt entscheiden, ist nur der erste Schritt. In ein paar Jahren, wenn der nächste Schritt ansteht, sieht die Welt schon wieder anders aus. Dann können Sie neu entscheiden.

Umwege

Extratour mit Extragewinn

Umwege führen über Schlenker zum Ziel. Man braucht dafür etwas mehr Zeit, aber die ist keineswegs verloren. Denn auf Umwegen ist man ja besonders aufmerksam und sieht Dinge, die man sonst verpasst hätte. Insofern sind Umwege sogar ein Gewinn.
Umwege macht man aus zwei Gründen. Mal ist ein Weg versperrt und man *muss* eine Umleitung nehmen. Ein andermal packt einen die Lust, etwas Abwegiges zu erkunden. So ist das beim Reisen, und so ist das auch bei der Berufswahl. Wenn Plan A aus irgendeinem Grund nichts wird, *müssen* Sie ausweichen. Vielleicht haben Sie aber auch Lust, zwischen Schule und Beruf erst einmal die Welt kennenzulernen. Beide Möglichkeiten können Sie im Folgenden durchspielen.

Plan B

Für alle Fälle bereit sein

Sie können vieles planen, aber alles haben Sie nie in der Hand. Es kann immer anders kommen, und auch darauf sollten Sie eingestellt sein. Für den Fall, dass aus Plan A nichts wird, sollten Sie mit einem guten Plan B aufwarten können. Der muss gar nicht von Grund auf neu sein, sondern kann Schnittmengen mit Plan A nutzen. Sehen Sie sich an, was damit gemeint ist.

Rechtsanwaltsfachangestellte: gutes Deutsch ein Muss
Eine junge Frau, die als Kind mit ihren Eltern aus Afghanistan gekommen ist, hat erfolgreich die Fachoberschule abgeschlossen. Und nicht nur das: Sie hat auch schon ein längeres soziales Praktikum absolviert und neben der Schule zwei Jahre lang als Verkäuferin gejobbt. Jetzt weiß sie, was sie werden will: Rechtsanwaltsfachangestellte. Sie hat sich auch schon informiert. Dass ausgerechnet Mathematik und Rechnungswesen ihre Lieblingsfächer waren, das passt sehr gut. Wenn nur die Sache mit dem Deutsch nicht wäre ... Die junge Frau spricht zwar sehr gut Deutsch, aber beim Schreiben kommt es ihr plötzlich fremd vor. Sie ist sich unsicher und macht viele Fehler. Für eine Rechtsanwaltsfachangestellte ist das eine große Belastung.

Erster Schritt: Einsicht

Die Frau im Beispiel hat als Rechtsanwaltsfachangestellte keine guten Karten. Selbst wenn sie mit fremder Hilfe bei den Bewerbungsunterlagen einen Ausbildungsplatz bekäme, so würde doch die Arbeit zur täglichen Qual. Denn Rechtsanwaltsfachangestellte müssen sehr viel schreiben, vor allem rechtliche Fachtexte. Die sind generell schwierig zu erfassen und für jemanden, der ohnehin unsicher ist, ein echtes Problem. Somit wird Plan A der jungen Frau früher oder später scheitern. Wenn sie das einsieht, ist das schon einmal der erste wichtige Schritt.

Zweiter Schritt: Plan A auseinandernehmen

Im zweiten Schritt knöpft die Frau sich Plan A vor und fragt, wie sie eigentlich darauf gekommen ist. Dabei stellen sich – ein bisschen zu ihrer eigenen Verwunderung – die folgenden Gründe heraus:

- Sie wollte *nicht* im sozialen Bereich arbeiten. Das hatte sie im Praktikum festgestellt.
- Sie wollte *nicht* den ganzen Tag in einem Laden stehen. Das wusste sie durch ihren Job.
- Sie wollte auf jeden Fall einen Büroberuf.
- Sie wollte gemischte Aufgaben: organisieren, telefonieren, schreiben, rechnen, Leute empfangen.
- Sie wollte verantwortungsvolle Aufgaben haben.

- Ihr gefiel das Fach Recht, genauer gesagt die Vorstellung, dass ein Anwalt anderen zu ihrem Recht verhilft.
- Ihr gefiel die gediegene Atmosphäre in Anwaltskanzleien, die Männer in Anzügen, die Frauen schick zurechtgemacht.

Dritter Schritt: spezifische und unspezifische Merkmale sortieren

Im dritten Schritt überlegt die Frau, welche Kriterien *nur* im Beruf der Rechtsanwaltsfachangestellten vorkommen. Das ist nur der vorletzte Punkt, denn der handelt speziell von Anwälten. Dabei ist ausgerechnet diese Überlegung ein bisschen verklärt. Alle anderen Kriterien sind auch anderswo zu finden.

Vierter Schritt: die unspezifischen Merkmale übertragen

Büroberufe mit gemischten Aufgaben und viel Verantwortung wären etwa kaufmännische Berufe, zum Beispiel die Bürokauffrau. Bei der Bürokauffrau sind die vorrangigen Aufgaben kaufmännischer Art. Sie hat viel mit Buchhaltung und Rechnungswesen zu tun, weniger mit Schreiben. Das Fach Recht wäre auch nicht aus der Welt, denn die einschlägigen Gesetze und Bestimmungen muss jeder Kaufmann kennen.

Fünfter Schritt: umsatteln

Die junge Frau kann also getrost ihren ersten Plan aufgeben und umschwenken auf die Bürokauffrau. Zwar muss sie bei dem Schwenk auf den Arbeitsort Anwaltskanzlei verzichten, dafür aber wird der rechnerische Teil der Arbeit gestärkt. Und der macht ihr ja von der Schule her besonders viel Spaß. So kommt unter dem Strich ein Plus heraus.

Immer nach einem Muster

Die fünf Schritte, die Sie im Beispiel der Frau gesehen haben, können Sie auch für sich anwenden, wenn aus einem Plan nichts wird. Hier sind sie noch einmal zusammengefasst:

1) Wenn Plan A keine Erfolgsaussichten hat, erkennen Sie das an. Es nützt nichts, sich in ein Projekt zu verbeißen, das nichts werden kann. Lösen Sie sich davon.
2) Zerlegen Sie Plan A in seine Einzelteile: Analysieren Sie, welche Tätigkeiten und Merkmale im Einzelnen Ihnen an dem Beruf gefallen.

3) Werfen Sie die Merkmale über Bord, die nur in diesem einen Beruf vorkommen. Den großen Rest verwerten Sie weiter.
4) Finden Sie heraus, in welchen Berufen möglichst viele dieser Merkmale zusammentreffen. Dabei helfen Ihnen die Berufsfelder. Die können Sie sich zum Beispiel in www.berufenet.arbeitsagentur.de unter »Zusätzliche Informationen« anzeigen lassen.
5) Sehen Sie sich die Berufe mit den meisten Übereinstimmungen genau an. Prüfen Sie, ob irgendetwas dagegen spricht, dass Sie einen dieser Berufe zum Ziel machen. Wenn nicht, dann haben Sie jetzt einen neuen Plan.

Kreative Auszeit

Pausen zum Verschnaufen

Eine Auszeit ist immer dann angesagt, wenn der innere Tank leer ist und wieder gefüllt werden muss. Dazu ist im Kleinen der Sonntag da. In einem größeren Ausmaß erfüllen Ferien und Urlaub diese Funktion. Aber manchmal muss es eben noch mehr sein: ein paar Monate oder ein Jahr, um Abstand zu gewinnen und neue Kräfte und Ideen zu sammeln.

Große Pause nach der Schule

Viele junge Menschen empfinden nach der Schule das Bedürfnis nach einer Auszeit. Die Gründe sind vielfältig und allesamt nachvollziehbar:

- Der Endspurt in der Schule ist sehr anstrengend. Wenn Sie sich danach erst einmal erholen, sind Sie besser gerüstet für die nächste große Anstrengung.
- Nie wieder im Leben ist die Gelegenheit für eine Auszeit so günstig. Wenn Sie älter sind, haben Sie mehr Verpflichtungen.
- In der Auszeit können Sie – weg von zu Hause – lernen, auf eigenen Füßen zu stehen.
- In der Auszeit erleben Sie Welten, die Sie für die Berufswahl und das Berufsleben nutzen können.

Vorteile für den Beruf

Kurzum: Eine Auszeit mit einem sinnvollen Programm ist eine feine Sache. Sie tut Ihnen gut und wird auch von Arbeitgebern gerne gesehen. Schließlich ist eine Auszeit etwas, was Sie von sich aus gestalten. Damit zeigen Sie Eigeninitiative und Selbstständigkeit.

Kostendeckende Programme

Sehen Sie sich im Folgenden an, was Sie mit einer Auszeit anfangen könnten. Es werden nur solche Programme vorgestellt, die mehr oder weniger kostendeckend sind. Denn wenn Mama und Papa für die Auszeit tief in die Tasche greifen müssen, hat das ja nicht mehr viel mit Selbstständigkeit zu tun.

Das freiwillige soziale Jahr

Dauer und Einsatzstellen

Das freiwillige soziale Jahr (FSJ) ist ein gesetzlich geregelter Freiwilligendienst für junge Menschen bis zum Alter von 27 Jahren. Er dauert in der Regel ein Jahr, kann aber auch auf sechs Monate gekürzt oder auf 18 Monate ausgedehnt werden. FSJler unterstützen gemeinwohlorientierte Einrichtungen, etwa Altenheime, Kirchengemeinden, Sportvereine oder kulturelle Begegnungsstätten. Die Einsatzstellen können auch im Ausland liegen. FSJler helfen dort ganztags und täglich mit.

Pädagogische Begleitung

Das FSJ ist ein Bildungsdienst mit dem Ziel, soziale und persönliche Kompetenzen zu stärken. Deshalb wird es pädagogisch begleitet. Die Begleitung umfasst die individuelle Betreuung an der Einsatzstelle und die Aufbereitung des Einsatzes in Seminaren. Auf ein Jahr kommen mindestens 25 Seminartage.

Modalitäten

FSJler bekommen Unterkunft, Verpflegung und Arbeitskleidung gestellt, außerdem ein angemessenes Taschengeld. Sie sind gesetzlich sozialversichert. Die Beiträge übernimmt der Träger beziehungsweise die Einsatzstelle. Das Kindergeld wird weitergezahlt. FSJler haben in einem Jahr mindestens 24 Tage Urlaub. Am Ende erhalten sie ein qualifiziertes Zeugnis von ihrer Einsatzstelle. Darin werden Leistung und Verhalten beurteilt und die berufsqualifizierenden Merkmale des FSJ dargestellt.

Nutzen

Das FSJ ist eine gute Gelegenheit, einen Arbeitsbereich von innen kennenzulernen. Wenn Sie zum Beispiel vorhaben, Grundschullehrerin zu werden, sich aber nicht sicher sind, wie sie mit einer Horde Kinder zurechtkommen –

testen Sie's im FSJ. Sie werden viel Fachliches lernen und noch mehr über sich selbst erfahren. Gleichzeitig setzen Sie einen Baustein in Ihren Lebenslauf, der Ihnen bei Bewerbungen zugutekommt. Sozial engagierte Menschen sind jedem Betrieb willkommen.

Erste Adressen

Wenn Sie Interesse haben an einem FSJ, besuchen Sie die Internetseite www.pro-fsj.de. Hier informiert der Bundesarbeitskreis der Trägerverbände. Unter dem Menüpunkt »Anbieter des FSJ vor Ort« können Sie sich zeigen lassen, wo ein FSJ überall möglich ist.
Auf der Seite des zuständigen Bundesministeriums für Familie, Senioren, Frauen und Jugend – www.bmfsfj.de – können Sie sich eine Broschüre herunterladen. Sie heißt »Für mich und für andere – Freiwilliges Soziales Jahr / Freiwilliges Ökologisches Jahr«. Sie erklärt alles, was Sie wissen müssen, und enthält eine Anlage mit Adressen. Hier ist der Weg zur Broschüre: Freiwilliges Engagement → FSJ/FÖJ.

Das freiwillige ökologische Jahr

Konzept

Das freiwillige ökologische Jahr (FÖJ) ist genauso aufgezogen wie das FSJ – nur eben in Grün. Die Einsatzstellen liegen im Bereich Ökologie und Umweltschutz. Das können Forstämter sein, Vogelschutzwarten, Umweltschutzverbände oder auch Bioland-Höfe.

Zielgruppe

Das FÖJ bietet sich besonders dann an, wenn Sie beruflich in Richtung Landwirtschaft, Natur, Umwelt denken. Es erlaubt nämlich Einblick in die Ecken, die bei der Darstellung manchmal zu kurz kommen. Wenn Sie noch nie körperlich gearbeitet haben, ist auch das eine lohnende Erfahrung. Sie können herausfinden, wie hehre Ideen sich in der Umsetzung anfühlen.

Erste Adresse

Der Bundesarbeitskreis FÖJ informiert auf der Internetseite www.foej.de. Abgesehen davon hilft auch die Broschüre »Für mich und für andere«. (siehe weiter oben bei den ersten Adressen zum FSJ).

Der Bundesfreiwilligendienst

Neues Modell für jedes Alter

Der Bundesfreiwilligendienst (BFD) soll die Lücke füllen, die durch das Aussetzen des Zivildienstes entstanden ist. Es gibt ihn erst seit dem 1. Juli 2011. Er ist kein spezieller Jugenddienst, sondern steht allen offen, die ihre Pflichtschulzeit erfüllt haben.

Eckdaten

Der Bundesfreiwilligendienst dauert in der Regel zwölf Monate. Die Mindestdauer beträgt sechs, die Höchstdauer 18 Monate. Die Freiwilligen übernehmen Dienste, die zuvor von Zivis geleistet wurden. Weitere Einsatzbereiche sind zum Beispiel Integration und der Zivil- und Katastrophenschutz. Auslandsdienste sind nicht möglich. Die Freiwilligen sind gesetzlich sozialversichert, Kindergeld wird fortgezahlt. Ein Taschengeld und weitere Leistungen werden mit der Einsatzstelle vereinbart. Die Freiwilligen werden an der Einsatzstelle fachlich begleitet und nehmen an Seminaren teil. Am Ende haben sie Anspruch auf ein qualifiziertes Zeugnis.

Erste Adressen

Mehr zum Bundesfreiwilligendienst finden Sie hier:
www.bundesfreiwilligendienst.de
Das ist die offizielle Bufdi-Seite des Bundesministeriums für Familie, Senioren, Frauen und Jugend – mit Platzbörse:
www.bundes-freiwilligendienst.de
Hier informiert der Verein »Für soziales Leben e. V.« – und zwar über den Bundesfreiwilligendienst und andere Freiwilligendienste. Das erleichtert den Vergleich.

Keine Erfahrungswerte

Der Bundesfreiwilligendienst steckt noch in den Kinderschuhen, und vielleicht hat er auch noch Kinderkrankheiten. Es fehlen Erfahrungswerte. Das braucht Sie nicht abzuschrecken, aber es ist Grund genug, sehr genau hinzusehen und ihn mit den Jugendfreiwilligendiensten zu vergleichen.

Der freiwillige Wehrdienst

Wehrdienst für Männer und Frauen

Die Wehrpflicht ist ausgesetzt. Das bedeutet, dass niemand mehr gegen seinen Willen zum Wehrdienst einberufen wird. Aber die Bundeswehr gibt es natürlich immer noch, und sie ist immer noch an geeignetem Nachwuchs interessiert. Nur muss dieser Nachwuchs jetzt freiwillig kommen. Es gibt einen freiwilligen Wehrdienst für junge Männer und Frauen ab 18 Jahren.

Bedingungen

Der freiwillige Wehrdienst beginnt mit einer sechsmonatigen Probezeit. Wenn Sie in dieser Zeit merken, dass Ihnen der Dienst in Uniform doch nicht liegt, können Sie jederzeit zurücktreten. Wenn es Ihnen gefällt, können Sie bis zu 23 Monate bleiben. Den genauen Zeitraum bestimmen Sie. Als Wehrdienstleistender erhalten Sie unentgeltliche Unterkunft, Verpflegung und truppenärztliche Versorgung sowie einen steuerfreien Wehrsold. Der liegt um einiges höher als das Taschengeld, das für andere freiwillige Dienste gezahlt wird.

Erste Adresse

Informationen aus erster Hand finden Sie auf der Seite www.bundeswehr.de, und zwar in der Rubrik »Jugend & Karriere«. Dort können Sie schon sehr viel nachlesen. Sie können sich außerdem die Broschüre »Freiwillig dienen: Ein Wegweiser für den Freiwilligen Wehrdienst« herunterladen. Und Sie können auch herausfinden, wer in Ihrer Nähe für die persönliche Beratung zuständig ist.

Freiwilligendienste im Ausland

Internationale Einsätze

Freiwilligendienste im Ausland werden von verschiedenen Stellen und mit verschiedenen Schwerpunkten angeboten. FSJ und FÖJ *können* im Ausland geleistet werden; andere Dienste dagegen sind *nur* im Ausland möglich. Ein solcher Auslandsdienst ist zum Beispiel der Europäische Freiwilligendienst.

Europäischer Freiwilligendienst

Der Europäische Freiwilligendienst ist ein Programm der Europäischen Union (EU) für Leute zwischen 18 und 25 Jahren. Sie können für sechs bis zwölf Monate in einem fremden Land innerhalb oder außerhalb der EU leben und dort gemeinnützige Arbeit leisten. Sie werden auf diese Einsätze vorbereitet und im Einsatz von einem Tutor begleitet. Sie nehmen an Sprachkursen und weiteren Seminaren teil. Für die Freiwilligen ist der Einsatz kostenlos: Reisekosten, Kurse, Unterkunft, Verpflegung und Versicherungsschutz werden übernommen, und es gibt ein Taschengeld obendrauf. Das Kindergeld wird weitergezahlt. Nach dem Einsatz bekommen die Freiwilligen einen Youthpass ausgestellt, der ihre Lernerfahrung offiziell anerkennt.

Erste Adressen

Auf der Internetseite der zuständigen Agentur – www.go4europe.de – finden Sie sämtliche Informationen plus Zugang zu den Datenbanken mit Entsendeorganisationen und Aufnahmeprojekten.

Weitere Freiwilligendienste

Wenn Sie sich noch weitere Auslandsdienste ansehen möchten, lohnt sich ein Besuch auf der Internetseite www.rausvonzuhaus.de. Sie ist ein Service der Fachstelle für Internationale Jugendarbeit der Bundesrepublik Deutschland e. V. (IJAB) und zeigt alle möglichen Wege ins Ausland: neben den Freiwilligendiensten zum Beispiel Jugendbegegnungen, Jobben oder Auslandsstudium. Die Seite ist ein Muss für Menschen mit Fernweh.

Au-pair-Aufenthalt im Ausland

Familienanschluss

Au-pairs lernen ein fremdes Land als Familienmitglied auf Zeit kennen. Sie leben bei einer Gastfamilie und erfahren durch sie die Sprache und Kultur des Alltags. Sie wohnen umsonst, sitzen mit am Tisch und bekommen ein Taschengeld. Im Gegenzug passen sie auf die Kinder auf und erledigen leichte Hausarbeiten. Von der Idee her profitieren beide Seiten.

Sicherheiten einbauen

Im wirklichen Leben geht die Idee nicht immer so gut auf. Oft entstehen Spannungen, weil Au-pair und Familie einander fremd sind und doch sehr eng zusammenleben. Hinzu kommen die ungleichen Verhältnisse: Die Familie hat einen deutlichen Heimvorteil. Umso wichtiger ist es, den Aufenthalt abzusichern. Dabei helfen Agenturen und Verträge.

Au-pair-Agenturen

Seriöse Agenturen finden Sie am ehesten über einen Fachverband. Das wäre zum einen der Bundesverband für Au-pair-Agenturen, Gastfamilien und Au-pairs in Deutschland, Au-pair Society e. V., im Internet unter www.au-pair-society.org, zum anderen die Gütegemeinschaft Au pair e. V., im Internet unter www.guetegemeinschaft-aupair.de. Besonders die Gütegemeinschaft verpflichtet ihre Mitgliedsagenturen auf strenge Gütebestimmungen. Das wären etwa die umfassende Information aller Beteiligten, die Zusammenarbeit mit Partneragenturen im jeweiligen Gastland und – ganz wichtig – Notfallnummern im Gastland.

Vertrag

Die Rechte und Pflichten von Au-pair und Gastfamilie sollten unbedingt in einem schriftlichen Vertrag festgehalten werden. Zu den Au-pair-Rechten gehören eine eingegrenzte Arbeitszeit, freie Tage, auch mal freie Abende und vor allem Zeit für den Besuch von Sprachkursen. Alles in allem soll der Vertrag dafür sorgen, dass beide Seiten wissen, was sie voneinander erwarten können. Das ist die beste Voraussetzung für ein gutes Gelingen.

Blauer Himmel, graues Dasein

Bei aller Selbstständigkeit und Freiheitsliebe sollten Sie, wenn Sie Au-pair werden möchten, den oben beschriebenen Weg nehmen. Verlassen Sie sich nicht auf große Versprechungen im Internet und ziehen Sie nicht auf eigene Faust los. Sie wissen ja: Das Blaue vom Himmel versprechen kann jeder, schöne Bilder ins Netz stellen auch. Deshalb ist es so wichtig, dass am anderen Ende jemand die Angaben kontrolliert. Und das kann eben nur jemand vor Ort. Ohne diese Kontrolle laufen Sie Gefahr, dass sich der blaue Himmel als grauer Schlamassel entpuppt, der Ihnen mächtig zusetzt. Also gehen Sie lieber auf Nummer sicher.

Praktikum

Manchmal sogar Pflicht

Ein Praktikum ist dann sinnvoll, wenn Sie bereits eine Ahnung haben, wo Sie landen möchten. Dann können Sie gezielt den Landeanflug vorbereiten. In manchen Studienfächern werden solche vorausgehenden Praktika dringend empfohlen, in einigen sind sie sogar Pflicht. Wie es sich verhält, das ist für den jeweiligen Studiengang an der betreffenden Hochschule zu klären.

Wahllos lieber nicht

Wahllose Praktika – ohne spezifische Interessen und ohne jegliche Kenntnisse – lohnen sich in der Regel nicht. Für diesen Hinweis gibt es zwei gute Gründe. Erstens sind Betriebe nicht verpflichtet, Ihren Praktikanten lehrreiche Tätigkeiten zu übertragen. Anders als etwa bei der Berufsausbildung gibt es dazu keine Vorschriften. Wenn Sie als Praktikant völlig unbeleckt sind, kann es leicht passieren, dass der Betrieb Ihnen ausschließlich stupide Aufgaben zuteilt. Davon werden Sie nicht schlauer.

Zweitens sind Praktika für Betriebe kostengünstig; einige nutzen sie sogar, um an billige Arbeitskräfte zu gelangen. Entsprechend leicht sind Praktikumsstellen zu haben. Da ist aufseiten von Suchenden zuweilen die Versuchung groß, mangels besserer Ideen einfach mal ein Praktikum zu machen. Aber das wäre bloßes Zeitfüllen.

Ziele setzen

Überlegen Sie gut, was ein Praktikum für Sie leisten soll. Wenn Sie selbst klare Vorgaben im Kopf haben, wissen Sie auch, wonach Sie suchen müssen. Suchen können Sie in Stellenbörsen, zum Beispiel in der Jobbörse der Arbeitsagentur unter www.arbeitsagentur.de.

Auslandspraktikum

Praktika können Sie auch im Ausland absolvieren. Wenn Sie daran Interesse haben, ist die Auslandsvermittlung der Bundesagentur für Arbeit eine gute Anlaufstelle. Deren Internetadresse lautet www.ba-auslandsvermittlung.de. Von dort aus können Sie sich durchklicken, unter anderem zum Qualitätscheck für Auslandspraktika.

Andere Ideen

Hauptsache Impulse

Die oben vorgestellten Modelle sind das, was *jedem* offensteht. Natürlich können Sie immer auch etwas Individuelles organisieren. Wenn zum Beispiel Ihre Eltern aus einem anderen Land kommen, das Sie bisher nur aus Erzählungen oder von Stippvisiten kennen, dann könnten Sie dieses Land jetzt erkunden, die Verwandten und die Kultur kennenlernen und die Sprache sprechen. Wichtig ist immer eins: dass Sie neue Impulse kriegen.

Voll durchstarten

Weiter vorne steht das Bild vom Tank, der gefüllt werden muss. Also müssen Sie Ihre Auszeit so einrichten, dass es Treibstoff zu holen gibt. Auf der Couch vor dem Fernseher wird das nicht der Fall sein. Wer dort rumhängt, verliert tatsächlich Zeit. Ein Projekt dagegen, eine Arbeitserfahrung oder eine Reise werden Ihren Horizont erweitern und Ihnen neue Einsichten und Ideen geben. So füllt sich der Tank, und Sie können nach Ihrer Auszeit voll durchstarten.

Berufe entdecken

Worum es in diesem Kapitel geht

Dieses Kapitel bietet Ihnen einen Rundflug über 15 große Tätigkeitsbereiche, die dicht mit Berufen besetzt sind. Ziel dieser Tour ist es, Ihnen die Augen zu öffnen für die vielen Möglichkeiten. Vielleicht entdecken Sie Berufe, an die Sie vorher noch gar nicht gedacht haben.

Leitfrage: Was möchten Sie mit Ihrem Beruf leisten?

Abgesteckt sind die einzelnen Bereiche mit der Frage: »Was möchten Sie mit Ihrem Beruf leisten?« Die Antworten sind zwangsläufig allgemein, nämlich so:

- Fassbares produzieren
- Planen, messen, bauen
- Technik entwickeln, anwenden, steuern
- IT-Aufgaben lösen
- Naturwissenschaftlich arbeiten
- Menschen und Güter bewegen
- Vermarkten, beraten, verkaufen
- Organisieren und verwalten
- Für Recht und Sicherheit sorgen
- Sprachen nutzen, Infos ordnen, Medien machen
- Erziehen, unterrichten, unterstützen
- Heilen, pflegen, zurechtmachen
- Tiere und Pflanzen versorgen
- Zur Ernährung beitragen
- Die schönen Dinge fördern

Innerhalb eines Bereiches können Sie sich ansehen, wie und wo man die Tätigkeit ausüben kann. Nehmen Sie das Beispiel Tiere versorgen: Das können Sie als Tierpfleger im Zoo machen, als Tierwirt in einem Mastbetrieb oder als Tierarzt in eigener Praxis. Solche Spannweiten haben Sie auch bei den anderen Tätigkeiten. Sie brauchen nur Ihr Denken entsprechend zu dehnen.

Tipp

Ergänzen Sie Ihre Dehnungsübungen mit Recherchen in der Datenbank www.berufenet.arbeitsagentur.de. Hier können Sie nämlich nicht nur nach einzelnen Berufen suchen, sondern auch nach Berufsfeldern. Dann kriegen Sie sämtliche Berufe innerhalb eines Berufsfeldes angezeigt. Diese Ergebnisse können Sie filtern, zum Beispiel nach Ausbildungsberufen und Studienberufen. Die Übersicht ist sehr hilfreich beim Vergleichen.
Halten Sie außerdem Ihre Nachschlagewerke griffbereit: »Beruf aktuell« für Ausbildungsberufe, »Studien- & Berufswahl« für Studienberufe. Dann sehen Sie die Infos noch mal in einer anderen Aufbereitung und haben etwas in der Hand zum Bearbeiten.

Wo Sie noch mehr sehen

Wenn Sie eine Nahaufnahme der Berufslandschaft mit *allen* Berufen sehen möchten, dann gehen Sie zur offiziellen »Klassifikation der Berufe 2010« (KldB 2010) der Bundesagentur für Arbeit. Die können Sie sich über Google aufrufen. Beim Ansehen der Verzeichnisse werden Sie staunen, womit Menschen alles ihren Lebensunterhalt verdienen. Und am Ende werden Sie ganz beruhigt sein, dass auch Sie die richtige Nische finden. Es ist wirklich für *jeden* etwas dabei.

Fassbares produzieren

Aufgabe

Bevor Sie anfangen zu lesen, schreiben Sie bitte sieben Berufe auf, die greifbare Ergebnisse produzieren:

1) ______________________________

2) ______________________________

3) ______________________________

4) ______________________________

5) ______________________________

6) ______________________________

7) ______________________________

Im Fokus der Arbeit

Greifbare Ergebnisse

Die produzierenden Betriebe bringen je nach Industrie und Handwerk die unterschiedlichsten Güter hervor. Dennoch ist ein gemeinsamer Nenner da: Es geht immer um etwas Gegenständliches; es werden Dinge hergestellt, bearbeitet oder weiterverarbeitet. Am Ende des Tages hat man etwas Konkretes vorzuweisen.

Persönliche Voraussetzungen

Präzises und zuverlässiges Arbeiten

Die verschiedenen Wirtschaftszweige und Berufe stellen jeweils eigene Anforderungen. Klar, ein Bergmann braucht andere Qualitäten als ein Tischler oder ein Bäcker. Ein paar Eigenschaften jedoch müssen alle drei im Gepäck haben: Sie müssen präzise arbeiten und sich in größere Abläufe einordnen können. Denn der Nächste in der Kette ist auf hochwertige und pünktliche Ergebnisse angewiesen.

Einsatzbereiche

Industrie und Handwerk

Produziert wird im großen wie im kleinen Stil. Die Industrie fertigt hohe Stückzahlen in automatisierten Verfahren; sie ist in einigen Regionen besonders stark konzentriert. Das Handwerk arbeitet je nach Auftrag. Handwerksbetriebe gibt es überall; allerdings sind einige Handwerksberufe sehr selten.

Bergbau und Baustoffe

Rohstoffe und Baumaterialien

Im Bergbau werden Rohstoffe wie Steine, Erze, Salze oder Kohle gewonnen. Die Gewinnung ist aufwendig, zumal die Umwelt sehr stark mitgenommen wird. Deshalb werden eigens Bergingenieure und Ingenieure der Geotechnik gebraucht, daneben Ausbildungsberufe wie Berg- und Maschinenleute und Bergbautechnologen. In der Weiterverarbeitung kommen Ingenieure der Verfahrenstechnik zum Zuge, an Ausbildungsberufen Aufbereitungsmechaniker, Verfahrensmechaniker in der Hütten- und Halbzeugindustrie sowie Verfahrensmechaniker in der Steine- und Erdenindustrie.

Metall- und Maschinenbau

Von Aluminium bis Zink

Die Metallindustrie ist eine der wichtigsten Branchen in Deutschland mit einem kräftigen Mittelstand und international agierenden Großunternehmen. Sie bietet Berufe dicht am Rohstoff und weit entfernt in der Verarbeitung. Industrielle Metallberufe mit betrieblicher Ausbildung sind zum Beispiel der Anlagenmechaniker, der Industriemechaniker oder der Produktionstechnologe. Handwerkliche Metallberufe sind der Feinwerkmechaniker oder der Metallbauer mit seinen unterschiedlichen Fachrichtungen. Die Studienberufe sind vor allem in den Ingenieurwissenschaften angesiedelt.

Glas, Keramik, Farben, Kunststoffe

Glasaugen und Autos

Glas, Keramik, Farben und Kunststoffe kommen bei den unterschiedlichsten Produkten zum Einsatz, also sind auch die damit verbundenen Berufe sehr vielfältig. Mit

Glas beschäftigen sich zum Beispiel Glasmacher, Glasbläser, Glasapparatebauer oder Feinoptiker. Keramik wird handwerklich von Keramikern bearbeitet, industriell von Industriekeramikern. Mit Farben und Lacken haben Lacklaboranten zu tun, Fahrzeuglackierer und natürlich Maler und Lackierer. Mit Kunststoffen arbeiten Verfahrensmechaniker für Kunststoff- und Kautschuktechnik, aber auch Spielzeughersteller und Bootsbauer. Das alles sind Ausbildungsberufe. Auf Ebene der Studienberufe werden entsprechend spezialisierte Ingenieure gebraucht.

Holz und Papier

Möbel und Einrichtungen, Bücher und Verpackungen

Holz als Rohstoff wird von Holzbearbeitungsmechanikern zu Holzbauteilen verarbeitet. Holzmechaniker der Fachrichtung Möbelbau und Innenausbau produzieren Möbel und Ladeneinrichtungen in Serienfertigung; Tischler machen das Gleiche in Einzelanfertigungen. Papier wird von Papiertechnologen hergestellt, von Packmitteltechnologen als Verpackungsmaterial eingesetzt oder von Buchbindern zu Büchern gemacht. Das ist nur eine kleine Auswahl von Ausbildungsberufen. Einschlägige Studienberufe sind zum Beispiel der Ingenieur für Holztechnik oder der Ingenieur für Papiertechnik.

Textilien und Leder

Stoffe, Schuhe, Handtaschen

An der Herstellung von Textilien sind Textillaboranten und textiltechnische Assistenten beteiligt. In der Weiterverarbeitung mischen bekleidungstechnische Assistenten mit, Maßschneider und Modenäher, Sticker und Stricker. Das sind Ausbildungsberufe. Per Studium gelangen Sie zur Textiltechnologie, zur Textil- und Bekleidungstechnik oder zum Textildesign.

Leder fängt beim Gerber an und wird von Fachkräften für Lederverarbeitung, von Schuhmachern und Sattlern weiterbehandelt. Das sind Ausbildungsberufe. Für die Fertigungs- und Betriebsorganisation werden Ingenieure gebraucht.

Tipp

Wenn Sie den Eindruck haben, dass Ihnen diese produktorientierte Arbeit liegt, sehen Sie sich weitere Berufe an in www.berufenet.arbeitsagentur.de im Berufsfeld »Produktion, Fertigung«.

Planen, messen, bauen

Aufgabe

Bevor Sie anfangen zu lesen, schreiben Sie bitte sieben Berufe auf, die mit Planen, Messen und Bauen zu tun haben:

1) ______________________________

2) ______________________________

3) ______________________________

4) ______________________________

5) ______________________________

6) ______________________________

7) ______________________________

Im Fokus der Arbeit

Die Landschaft erfassen und verändern

Jeder Bau verändert die Landschaft, und zwar mit erheblichen Folgen. Die muss man sehen können, *bevor* sie eintreten; denn was einmal gebaut ist, steht. Also geht es bei der Arbeit darum, etwas zu errichten, was sich mit seinem Umfeld verträgt, den rechtlichen Vorgaben entspricht, eine sinnvolle Funktion erfüllt und in sich Bestand hat.

Persönliche Voraussetzungen

Interesse für die praktischen Zusammenhänge

Wenn Sie planen, messen, bauen möchten, sollten Sie rechnen und sich Dinge und Dimensionen vorstellen können. Sie sollten ein übergreifendes Interesse daran haben, wie Bauten entstehen. Schließlich sind ja immer viele Gewerke beteiligt. Sie sollten Ihre Materialien kennen und außerdem in der Lage sein, sorgfältig und genau zu arbeiten. Sie wissen ja selbst, was Pfusch am Bau alles anrichten kann.

Einsatzbereiche

Bauwirtschaft

Achten Sie, wenn Sie unterwegs sind, einmal auf die vielen Baustellen. Dann *sehen* Sie nämlich die Einsatzbereiche: Das ist nicht nur der private Hausbau, das sind auch große Verkehrs- und Infrastrukturprojekte. Arbeitgeber sind handwerkliche Betriebe, Ingenieurbüros, die öffentliche Hand und vor allem die Bauindustrie.

Vermessung und Planung

Raum und Gestaltung

Vermessen heißt nicht nur Daten ablesen; es ist ein Stück angewandte Mathematik. Darauf werden Vermessungsingenieure im Studium und Vermessungstechniker in dualer Ausbildung vorbereitet. Sie arbeiten überwiegend im öffentlichen Dienst. Mit der Gestaltung des Raumes beschäftigen sich hauptsächlich Architekten und Landschaftsarchitekten. Bauingenieure planen und berechnen Bauwerke. Bauzeichner setzen die Entwürfe der Architekten und Bauingenieure in maßstabsgerechte Zeichnungen um. Sie lernen in dualer Ausbildung.

Arbeit am Bau

Hoch und tief, innen und außen

Hochbauberufe sind zum Beispiel Maurer, Hochbaufacharbeiter, Beton- und Stahlbetonbauer, Gerüstbauer und Dachdecker. Tiefbauberufe sind der Straßenbauer, der Tiefbaufacharbeiter, der Rohrleitungsbauer und der Kanalbauer. Zu den Ausbauberufen gehören der Ausbaufacharbeiter, der Stuckateur und der Trockenbaumonteur. Denken Sie daran, dass der Bau mit dem Außenbereich wetterabhängig ist und deshalb im Winter seine Flauten hat. Die Arbeit ist körperlich anstrengend und geht auf die Knochen.

Tipp

Einzelheiten zu den oben genannten Berufen und viele verwandte Berufe im Berufsfeld »Bau, Architektur, Vermessung« finden Sie unter www.berufenet.arbeitsagentur.de

Technik entwickeln, anwenden, steuern

Aufgabe

Bevor Sie anfangen zu lesen, schreiben Sie bitte sieben technische Berufe auf, die Ihnen spontan einfallen:

1) ______________________________

2) ______________________________

3) ______________________________

4) ______________________________

5) ______________________________

6) ______________________________

7) ______________________________

Angewandte Naturwissenschaft

Im Fokus der Arbeit

Technik, das sind die Verfahren, mit denen naturwissenschaftliche Erkenntnisse praktisch nutzbar gemacht werden. In technischen Berufen geht es darum, diese Verfahren einzusetzen, anzupassen und weiterzuentwickeln. Man hat also einerseits die naturwissenschaftlichen Grundlagen im Blick, andererseits den angestrebten Nutzen. In diesem Spannungsfeld sucht man die jeweils besten Lösungen.

Wie funktioniert das?

Persönliche Voraussetzungen

Am meisten sollten Sie von der Frage getrieben sein, wie die Dinge funktionieren. Es reicht nicht, als gegeben hinzunehmen, dass ein Motor läuft und ein Kraftwerk Energie abgibt; Sie sollten wissen wollen, warum das so ist. Denn nur dann können Sie damit arbeiten. Es geht also um eine satte Portion Neugier in naturwissenschaftlichen Dingen.

Geschlechtsunabhängig

Bislang sind technische Berufe noch eine Männerdomäne. Das liegt aber allein an den althergebrachten Rollenbildern, nicht an der tatsächlichen Eignung. Frauen können Technik genauso gut wie Männer. Das Geschlecht spielt dabei nämlich überhaupt keine Rolle; was zählt, ist der kluge Kopf. Wenn Sie Technik im Kopf haben, dann fühlen Sie sich herzlich willkommen.

Elektrotechnik, Mechatronik, Energietechnik, Umwelttechnik

Einsatzbereiche

Technik durchdringt den Alltag bis ins kleinste Detail. Deshalb ist die Elektrotechnik seit jeher eine starke Branche. Die Energietechnik profitiert von der Energiewende; die Umwelttechnik wächst mit dem Umweltbewusstsein. Arbeit gibt es in Industriebetrieben, im Handwerk, im öffentlichen Dienst und immer auch in der Forschung.

Elektroniker und Mechatroniker

Ausbildungsberufe

Allein die Elektroberufe bieten ein sehr breites Spektrum: von der Elektroinstallation über die Gerätetechnik und die Informations- und Kommunikationstechnik bis hin zur Energietechnik. Elektroniker spezialisieren sich auf einen

Arbeitsbereich. Da in ihrem Beruf Fehler tödlich sein können, dauert die Ausbildung dreieinhalb Jahre. Mechatroniker verbinden die Elektrotechnik mit der Mechanik und der Informationstechnik. Sie arbeiten in der Montage und Instandhaltung von Maschinen und lernen das ebenfalls dreieinhalb Jahre lang.

Umweltberufe

Technisch-handwerklich ausgerichtet sind die vier Umweltberufe, die es seit dem Jahre 2002 gibt: die Fachkraft für Abwassertechnik, die Fachkraft für Kreislauf- und Abfallwirtschaft, die Fachkraft für Rohr-, Kanal- und Industrieservice und die Fachkraft für Wasserversorgungstechnik. Nun klingen Müll und Abwasser auf Anhieb nicht sehr verlockend, aber die Berufe sind vielseitig und haben Zukunft. Ausgebildet wird drei Jahre lang, und zwar im öffentlichen Dienst.

Studienberufe

Technik braucht Ingenieure: etwa für Elektrotechnik, Mechatronik oder Maschinenbau. Sehen Sie sich in der »Studien- & Berufswahl« die große Fächergruppe der Ingenieurwissenschaften an. Darin finden Sie auch eigenständige Studiengänge zur Umwelttechnik. Bedenken Sie aber bitte, dass Sie auch mit anderen Studiengängen im Umweltschutz landen können. Manches wird eben erst bei der Arbeit grün.

Tipp

Bei Interesse an technischen Berufen gehen Sie bitte in www.berufenet.arbeitsagentur.de in die Berufsfelder »Elektro« und »Technik, Technologiefelder«. Technische Berufe gehören zu den sogenannten MINT-Berufen. »MINT« steht für »Mathematik, Informatik, Naturwissenschaften, Technik«. Achten Sie also auch auf Informationen, die Sie unter diesem Schlagwort finden. Eine geeignete Adresse wäre zum Beispiel www.komm-mach-mint.de.

IT-Aufgaben lösen

Aufgabe

Bevor Sie anfangen zu lesen, schreiben Sie bitte sieben IT-Berufe auf, die Ihnen spontan einfallen:

1) ______________________________

2) ______________________________

3) ______________________________

4) ______________________________

5) ______________________________

6) ______________________________

7) ______________________________

Im Fokus der Arbeit

Programmieren

Die Informationstechnologie verbindet Mathematik und Elektrotechnik, um digitale Daten zu verarbeiten und damit Abläufe zu steuern. Dazu braucht sie ein genaues Bild von den Anwenderbedürfnissen. Das heißt übersetzt: Um intelligent zu programmieren, muss man wissen, was ein Programm überhaupt leisten soll. Es geht also nicht nur um Bits und Bytes, sondern sehr konkret um den Nutzen für die jeweiligen Anwender.

Persönliche Voraussetzungen

Logik, Mathematik, technisches Verständnis

Wenn Sie sich für IT-Berufe interessieren, werden Sie schon einige Stündchen vor dem PC verbracht haben und wissen, worauf es ankommt: Man muss logisch und rechnerisch denken können, zur Abstraktion fähig sein und technisches Verständnis mitbringen. Das sind allerdings nur die Kernkompetenzen. Im Beruf muss man darüber hinaus im Team arbeiten können und serviceorientiert handeln.

Einsatzbereiche

IT-Branche und alle Bereiche mit IT-Nutzung

Die IT-Branche stellt Informationstechnologien zur Verfügung; eingesetzt werden sie fast überall. Daraus ergibt sich ein großer und immer noch wachsender Einsatzbereich. Arbeitgeber sind die Hersteller, Dienstleister und Anwender. Das sind Unternehmen jeder Größenordnung und auch die öffentliche Hand.

Ausbildungsberufe

Es gibt viele Berufe, in denen Sie mit Informationstechnologien zu tun haben; es gibt fünf Berufe, in denen Informationstechnologien im Mittelpunkt stehen. Sie alle werden in einer dreijährigen betrieblichen Ausbildung erlernt.

- Fachinformatiker

Benutzergerechte Systeme entwickeln

Fachinformatiker planen und realisieren EDV-Systeme für ihre Kunden. In der Fachrichtung Anwendungsentwicklung entwickeln sie maßgeschneiderte Software; in der Fachrichtung Systemintegration errichten sie komplexe Systeme aus Hard- und Software.

- Informatikkaufmann

Systeme beschaffen und verwalten

Informatikkaufleute ermitteln den Bedarf an IT-Systemen im Unternehmen, beschaffen die Hard- und Software und führen sie im Unternehmen ein. Sie verwalten die Systeme und schulen die Nutzer. Sie arbeiten in allen Branchen.

- Informations- und Telekommunikationssystemelektroniker

Netzwerke installieren und warten

IT-Systemelektroniker planen und installieren kundenspezifische Systeme der Informations- und Kommunikationstechnik, etwa PC-Netzwerke oder Telefonanlagen. Sie richten auch die dazu notwendige Stromversorgung ein. Sie warten die Anlagen und beseitigen Störungen. Sie arbeiten vor allem in der IT-Branche.

- Informations- und Telekommunikationssystemkaufmann

Kunden beraten und betreuen

IT-Systemkaufleute beraten Kunden bei der Anschaffung von IT-Produkten. Sie erfassen den Bedarf, erstellen Angebote und wickeln Verträge ab. Sie beschaffen und installieren die Hard- und Software und machen die Anlagen betriebsbereit. Sie übernehmen die Einweisung und stehen auch darüber hinaus als Ansprechpartner zur Verfügung.

- Mathematisch-technischer Software-Entwickler

Software programmieren

Mathematisch-technische Software-Entwickler entwickeln Systeme auf der Grundlage mathematischer Modelle. Diese Leistung erbringen sie in Rechenzentren und Forschungseinrichtungen, in Softwarehäusern, Banken und Versicherungen.

Studienberufe

Mathematiker und Medieninformatiker

Die Studienmöglichkeiten reichen vom Universitätsstudium der Mathematik bis hin zum dualen Studium der Informationstechnik. Sie können die Informatik auch gut mit einem anderen Fach koppeln, zum Beispiel in der Bioinformatik, der Geoinformatik, der Medieninformatik oder der Wirtschaftsinformatik. Überlegen Sie also, wie theoretisch oder wie praktisch Sie's gerne hätten und in welchem Bereich Sie Ihr IT-Wissen einsetzen möchten.

Tipp

Wenn Sie sich für IT-Berufe interessieren, gehen Sie bitte in www.berufenet.arbeitsagentur.de in das Berufsfeld »IT, Computer«. Besuchen Sie außerdem das Portal www.it-berufe.de. Hier informiert der Arbeitgeberverband Gesamtmetall. Außerdem sind Sie wieder bei den MINT-Berufen, sodass auch Informationen unter diesem Schlagwort für Sie relevant sind.

Naturwissenschaftlich arbeiten

Aufgabe

Bevor Sie anfangen zu lesen, schreiben Sie bitte sieben naturwissenschaftliche Berufe auf, die Ihnen spontan einfallen:

1) ______________________________

2) ______________________________

3) ______________________________

4) ______________________________

5) ______________________________

6) ______________________________

7) ______________________________

Im Fokus der Arbeit

Biologie, Chemie, Physik

Im Mittelpunkt der Arbeit stehen die drei Fächer, die Sie von der Schule her kennen: Biologie, Chemie, Physik. Die werden zum einen weiter erforscht, zum anderen praktisch genutzt, etwa um neue Verfahren oder Produkte zu entwickeln.

Persönliche Voraussetzungen

Logisches Denken, mathematisches Verständnis, Beobachtungsgabe, Sorgfalt und Genauigkeit

Denken Sie daran, wie im Physik- oder Chemieunterricht Versuche aufgebaut werden: Man muss sie logisch durchdenken und mit aller Sorgfalt umsetzen. Über den Daumen peilen geht nicht. Und dann muss man genau beobachten, was passiert. Eben dieses Vorgehen ist auch im Beruf angesagt.

Einsatzbereiche

Industrie, Forschung, öffentlicher Dienst

Die Menschheit ist immer bestrebt, sich zu verbessern, deshalb wird kontinuierlich an neuen Mitteln gearbeitet. Krankheiten sollen ausgerottet werden, die Ernährung soll sichergestellt werden, die Umwelt soll entlastet werden. Das alles sind Aufgaben, die mithilfe der Naturwissenschaften zu lösen sind. So können Sie als pharmazeutisch-technischer Assistent an der Entwicklung von Medikamenten mitwirken, als Biotechnologe neue Lebensmittel entwickeln und als Meteorologe Unwetter vorhersagen. Arbeitgeber sind die Industrie, die Forschung und der öffentliche Dienst.

Berufe mit betrieblicher Ausbildung

Laborberufe

In dreieinhalbjähriger betrieblicher Ausbildung können Sie eine ganze Reihe von Laborberufen erlernen: Biologielaborant, Chemielaborant, Physiklaborant, Lacklaborant oder Textillaborant. Sie arbeiten dann mit an Laborversuchen.

Prüfberufe

Es gibt einige Berufe, die allein für die Prüfung von Stoffen zuständig sind. Der Baustoffprüfer zum Beispiel untersucht Böden, Baumaterial und Bauprodukte, und das überwiegend in der Bauwirtschaft. Edelmetallprüfer analysieren die Zusammensetzung und Eigenschaften von Legierungen. Sie arbeiten hauptsächlich in Materialprüfungsinstituten. Werkstoffprüfer prüfen vor allem metallische Werkstoffe auf ihre Materialeigenschaften. Solche Prüfungen braucht die Metall- und Elektroindustrie.

Berufe mit schulischer Ausbildung

Assistentenberufe

Der naturwissenschaftliche Bereich arbeitet viel mit Assistentenberufen, die an Berufsfachschulen vermittelt werden. Die könnten ein guter Kompromiss sein, wenn Sie zwischen betrieblicher Ausbildung und Studium schwanken. Hier sind einige Alternativen:

- Biologisch-technischer Assistent

Tiere, Pflanzen, Zellkulturen

Biologisch-technische Assistenten machen Versuche mit Tieren, Pflanzen, Mikroorganismen oder Zellkulturen und unterstützen damit Naturwissenschaftler in Forschungsinstituten.

- Chemisch-technischer Assistent

Chemische Analysen

Chemisch-technische Assistenten führen chemische Analysen durch, und das vor allem in der chemischen oder pharmazeutischen Industrie.

- Landwirtschaftlich-technischer Assistent

Boden, Saatgut, Brot

Landwirtschaftlich-technische Assistenten untersuchen landwirtschaftliche Produkte und Bedingungen. Sie arbeiten in Forschungseinrichtungen, Behörden und in der Industrie.

- Medizinisch-technischer Laboratoriumsassistent

Ärztliche Diagnostik

Medizinisch-technische Laboratoriumsassistenten haben Sie vielleicht schon bei Arztbesuchen oder im Krankenhaus erlebt: Sie untersuchen Gewebe und Körperflüssigkeiten, um Krankheiten zu erkennen.

- Medizinisch-technischer Radiologieassistent

Nuklearmedizin

Medizinisch-technische Radiologieassistenten arbeiten in Krankenhäusern und radiologischen Arztpraxen. Sie machen zum Beispiel Röntgenaufnahmen und führen CT- oder MRT-Untersuchungen durch.

- Pharmazeutisch-technischer Assistent

Arzneimittel

Pharmazeutisch-technische Assistenten unterstützen Apotheker, so etwa bei der Herstellung von Arzneimitteln und bei der Beratung von Kunden.

Wasser, Boden, Luft

■ Umweltschutztechnischer Assistent
Umweltschutztechnische Assistenten untersuchen Wasser, Luft und Boden, oft in öffentlicher Mission.

Tierkrankheiten

■ Veterinärmedizinisch-technischer Assistent
Veterinärmedizinisch-technische Assistenten gehen Tierkrankheiten und Tierseuchen nach. Sie arbeiten in Tierkliniken, Veterinärämtern oder auch Schlachthöfen.

Studienberufe

Ein Fach, viele Variationen

Bei den Studienberufen sind der Fantasie keine Grenzen gesetzt. Nehmen Sie die Biologie als Beispiel. Das Fach hat vier große Teilbereiche: die Botanik, die Zoologie, die Mikrobiologie und die Anthropologie. Das Fach ragt weit in andere Disziplinen hinein, sodass sich Felder wie die Biochemie oder die Biophysik auftun. Das Fach antwortet außerdem auf Fragen der technischen Anwendung, so etwa in der Biotechnologie. Bei den anderen Fächern verhält sich das ähnlich: Sie können Lebensmittelchemiker werden oder Wirtschaftschemiker, Bauphysikingenieur oder Astrophysiker.

Nicht-Schulfächer

Denken Sie auch an Studienfächer, die Sie *nicht* als eigenes Schulfach kennengelernt haben: zum Beispiel die Geologie oder die Meteorologie. Als Geologe können Sie in Forschungseinrichtungen, bei Planungsbehörden oder in Ingenieurbüros arbeiten, als Meteorologe in der Forschung, im öffentlichen Dienst oder bei Versicherungen. Ein Studienfach, das wahrscheinlich keines weiteren Denkanstoßes bedarf, ist die Pharmazie. Sie ist so begehrt, dass die Zulassung beschränkt ist.

Vergleichen hilft.

Wenn Sie ein naturwissenschaftliches Fach in die engere Wahl gezogen haben, nehmen Sie sich Zeit für die Feinabstimmung. Sehen Sie sich die Inhalte vergleichbarer Studiengänge an verschiedenen Hochschulen an. So profilieren Sie Ihre Vorstellungen und finden gleich das passende Angebot dazu.

Tipp

Bei Interesse am naturwissenschaftlichen Arbeiten gehen Sie bitte in www.berufenet.arbeitsagentur.de in das Berufsfeld »Naturwissenschaften«. Schauen Sie auch einmal auf die Seite www.biotechnologie.de des Bundesministeriums für Bildung und Forschung. Außerdem sind MINT-Informationen relevant.

Menschen und Güter bewegen

Aufgabe

Bevor Sie anfangen zu lesen, überlegen Sie sich bitte sieben Berufe im Bereich Transport und Verkehr.

1) ______________________________

2) ______________________________

3) ______________________________

4) ______________________________

5) ______________________________

6) ______________________________

7) ______________________________

Im Fokus der Arbeit

Von A nach B gelangen

In diesem Berufsfeld geht es um Bewegung. Menschen und Güter sollen von A nach B gelangen, und das möglichst günstig und pünktlich. Dazu braucht man erstens Fahrzeuge, zweitens Fahrzeugführer und drittens eine intelligente Logistik. Bei der Touristik kommt zu diesen Bedingungen noch der Unterhaltungsfaktor hinzu.

Persönliche Voraussetzungen

Technisch, organisatorisch und sozial kompetent

Im Fahrzeugbau und in der Wartung kommt es vor allem auf technisches Verständnis an. Wer Fahrzeuge führen will, muss sich mit seinem Fahrzeug auskennen, sich konzentrieren, orientieren und schnell reagieren können. Für die Logistik sollte man eine gute Portion Organisationstalent mitbringen, für die Touristik außerdem Fremdsprachen, Aufgeschlossenheit für fremde Kulturen und einen guten Umgang mit Menschen.

Einsatzbereiche

Wachsender Personen- und Güterverkehr

Die halbe Welt ist auf Achse, deshalb sind Verkehr und Transport ein lebhaftes und breit gefächertes Berufsfeld. Denken Sie an die verschiedenen Verkehrswege: Straße, Schiene, Wasser, Luft. Dann denken Sie an die Fahrzeuge, die dort unterwegs sind. Die müssen gebaut und gewartet werden.

Das gibt Berufe vom Fahrradmonteur bis zum Fluggerätmechaniker. Danach kommen die Berufe, die sich unterwegs abspielen – vom Berufskraftfahrer über den Binnenschiffer bis zum Piloten. Schließlich steckt hinter dem Ganzen ein hoher logistischer Aufwand und natürlich Gewinnstreben. Daraus ergeben sich logistische und kaufmännische Berufe – vom Fluglotsen über den Touristikassistenten bis hin zum Verkehrsbetriebswirt.

Fahrzeuge bauen und warten

Sie brauchen sich bloß ein Auto mit seinen Bestandteilen anzusehen: mit Karosserie, Motor, Elektronik, Reifen und Innenausstattung; dann können Sie sich vorstellen, wie viele Berufe hier beteiligt sind. Hier ist eine kleine Auswahl von Berufen mit betrieblicher Ausbildung.

- Kraftfahrzeugmechatroniker

Fahrzeuge warten und reparieren

Kraftfahrzeugmechatroniker warten Kraftfahrzeuge. Dabei können sie unterschiedliche Schwerpunkte wählen: Fahrzeugkommunikationstechnik, Motorradtechnik, Nutzfahrzeugtechnik oder Personenkraftwagentechnik. Sie lernen dreieinhalb Jahre lang und vertiefen ihren Schwerpunkt im dritten Jahr. Kraftfahrzeugmechatroniker ist einer der beliebtesten Berufe überhaupt.

- Karosserie- und Fahrzeugbaumechaniker

Fahrzeugteile bauen und montieren

Karosserie- und Fahrzeugbaumechaniker werden in drei Fachrichtungen ausgebildet: Fahrzeugbautechnik, Karosseriebautechnik und Karosserieinstandhaltungstechnik. Sie fertigen und montieren Fahrzeugteile, Anhänger und Aufbauten für Fahrzeuge. Ihre Ausbildung dauert dreieinhalb Jahre.

- Kraftfahrzeugservicemechaniker

Fahrzeuge prüfen und einstellen

Kraftfahrzeugservicemechaniker machen die Routinechecks und erbringen Serviceleistungen rund ums Fahrzeug. Das lernen sie in einer zweijährigen Ausbildung.

- Zweiradmechaniker

Fahrräder und Motorräder instand halten

Zweiradmechaniker wählen die Fachrichtung Fahrradtechnik oder Motorradtechnik. Sie besorgen die Instandhaltung, Aufrüstung und Umrüstung dieser Fahrzeuge. Ihre Ausbildung geht über dreieinhalb Jahre. Für Fahrradbegeisterte gibt es noch eine Alternative: die zweijährige Ausbildung zum Fahrradmonteur.

- Bootsbauer

Tuckerboot bis Segelyacht

Bootsbauer bauen Boote aller Art. Sie arbeiten mit Holz, Metall und Kunststoffen, müssen also handwerklich sehr vielseitig sein. Sie spezialisieren sich in einer von zwei Fachrichtungen: Neu-, Aus- und Umbau oder Technik. Die Ausbildung dauert dreieinhalb Jahre.

- Schiffsmechaniker

An Bord nach dem Rechten sehen

Schiffsmechaniker betreuen die technischen Anlagen auf Schiffen und helfen mit, wo sie gebraucht werden, etwa beim Beladen oder auf der Kommandobrücke. Sie müssen sich handwerklich gut zu helfen wissen, da Schiffe auf hoher See ja keinen Handwerker um die Ecke haben. Schiffsmechaniker sind oft wochenlang unterwegs. Sie erlernen ihren Beruf in einer dreijährigen Ausbildung.

- Fluggerätmechaniker

Flugzeuge bauen

Fluggerätmechaniker bauen Flugzeuge und Hubschrauber und übernehmen dafür Service und Reparaturen. Sie wählen eine von drei Fachrichtungen: Fertigungstechnik, Instandhaltungstechnik oder Triebwerkstechnik. Ihre Ausbildung dauert dreieinhalb Jahre.

Fahrzeuge führen und begleiten

Die folgenden Berufe sind nach Verkehrswegen sortiert: Straße, Schiene, Wasser, Luft.

- Auf der Straße

Lkw- und Busfahrer

Auf der Straße können Sie als Berufskraftfahrer Busse oder Lkw steuern. Die Ausbildung dauert drei Jahre. Eine Alternative ist der Servicefahrer mit zweijähriger Ausbildung. Ein Servicefahrer fährt Auslieferungstouren.

- Auf den Schienen

Lokführer

Zug fahren können Sie als Eisenbahner im Betriebsdienst. Der Beruf hat zwei Fachrichtungen: erstens Fahrweg, zweitens Lokführer und Transport. Die Ausbildung geht über drei Jahre.

- Auf dem Wasser

Kapitän

Binnenschiffer oder Hafenschiffer können Sie in einer jeweils dreijährigen Ausbildung werden. Einen um einiges längeren Weg haben Sie vor sich, wenn Sie den Kapitän in der Seeschifffahrt anstreben. Hier brauchen Sie nämlich neben dem, was Sie an einer Seefahrtschule lernen, jahrelange Erfahrung auf See. Den genauen Werdegang finden Sie auf der Internetseite des Verbandes Deutscher Reeder unter www.reederverband.de.

- In der Luft

Pilot

Als Verkehrsflugzeugführer können Sie die großen Passagier- und Frachtmaschinen steuern, die mit zwei Piloten fliegen. Die Ausbildung findet an Verkehrsfliegerschulen statt, dauert rund zwei Jahre und kann am Stück oder in

Modulen absolviert werden. Alternativen sind der Berufsflugzeugführer und der Berufshubschrauberführer. Berufsflugzeugführer steuern die kleineren Flugzeuge, die für nur einen Piloten zugelassen sind; oder sie sind Kopilot in den großen Maschinen. Bei Interesse an einer Pilotenausbildung gehen Sie bitte auf die Seiten des Luftfahrt-Bundesamtes, www.lba.de, und der Pilotenvereinigung Cockpit, www.vcockpit.de.

Flugbegleiter

Eine weitere Möglichkeit, zu fliegen und die Welt zu sehen, ist die Tätigkeit als Flugbegleiter. Die ist kein anerkannter Ausbildungsberuf, sondern wird in Lehrgängen von mehreren Wochen oder Monaten erlernt. Insofern eignet sie sich auch als Zwischenspiel, etwa zwischen Schule und Studium. Die genauen Bedingungen finden Sie auf den Internetseiten der Airlines.

Mobilität gewährleisten

Die folgenden Berufe sorgen dafür, dass der Verkehr in geordneten Bahnen verläuft:

- Gleisbauer, Straßenbauer, Straßenwärter

Schienen und Straßen bauen

Gleisbauer verlegen Schienen und kontrollieren die Gleise. Straßenbauer bauen Straßen aller Art: vom Gehweg bis zur Autobahn. Straßenwärter halten die Verkehrswege instand. Sie stellen Verkehrsschilder auf, pflegen Grünflächen und übernehmen im Winter den Streudienst. Alle drei Berufe erfordern eine dreijährige duale Ausbildung.

- Logistiker

Transport, Lagerung und Zustellung organisieren

Logistik spielt sich im Hintergrund ab und wird leicht übersehen; dabei ist sie einer der größten Wirtschaftszweige in Deutschland. Denken Sie an Post und Versandhandel, an internationale Warenströme und riesige Containerhäfen. Die Logistik bietet Ausbildungsberufe, etwa die Fachkraft für Lagerlogistik oder die Fachkraft für Hafenlogistik; und sie bietet eine ganze Reihe von Studienberufen mit entsprechenden Steuerungs- und Entscheidungskompetenzen. Dazu können Sie zum Beispiel Logistik studieren, Wirtschaftsgeografie oder Ingenieurwesen.

Kaufmännisch handeln

- Wirtschaftler

Verkehrsdienstleistungen müssen auch wirtschaftlich abgewickelt werden. Das machen zum Beispiel Verkehrsbetriebswirte, aber auch Kaufleute mit betrieblicher Ausbildung. Da wäre etwa der Luftverkehrskaufmann oder der Kaufmann für Spedition und Logistikdienstleistung.

Flugverkehr lenken

- Fluglotse

Fluglotsen überwachen den Luftraum und dirigieren Flugzeuge. Als Towerlotsen sind sie zuständig für den Flughafenverkehr; als Centerlotsen lenken sie den Verkehr im zugeteilten Luftraum. Die Tätigkeit erfordert ein Höchstmaß an Konzentration, Urteilskraft und Verantwortungsbewusstsein, deshalb müssen geeignete Kandidaten sich in einem mehrstufigen Auswahlverfahren bewähren. Die Ausbildung besteht aus Lehrgängen an der Flugsicherungsakademie der DFS Deutsche Flugsicherung GmbH und aus einem praktischen Teil. Die Ausbildungsdauer variiert. Weitere Informationen erhalten Sie bei der DFS Deutsche Flugsicherung, im Internet unter www.dfs.de.

Fachkräfte für Tourismus

Mobilität mit Vergnügen verbinden

Wenn Sie Mobilität mit Spaß und Entspannung verbinden, landen Sie im Tourismus. Hier können Sie eine dreijährige Ausbildung zum Reiseverkehrskaufmann machen und dann in einem Reisebüro oder bei einem Reiseveranstalter arbeiten. Einen ähnlichen Aufgabenbereich hätten Sie als Touristikassistent mit einer zweijährigen schulischen Ausbildung. Sie können auch Tourismus studieren und sich damit für leitende Funktionen qualifizieren.

Tipp

Wenn Sie die Mobilität zum Beruf machen möchten, gehen Sie bitte in www.berufenet.arbeitsagentur.de in das Berufsfeld »Verkehr, Logistik«. Den Tourismus finden Sie im Berufsfeld »Dienstleistung«. Speziell für Berufe in der Luftfahrt besuchen Sie das Branchenportal www.airliners.de.

Vermarkten, beraten, verkaufen

Aufgabe

Bevor Sie anfangen zu lesen, schreiben Sie bitte sieben Berufe auf, die Ihnen spontan zu Marketing und Verkauf einfallen:

1) ______________________________

2) ______________________________

3) ______________________________

4) ______________________________

5) ______________________________

6) ______________________________

7) ______________________________

Im Fokus der Arbeit

Menschen überzeugen

Letztlich geht es beim Verkaufen immer um eins: Man muss den Kunden zu der Einsicht bringen, dass er mit dem Verkaufsobjekt besser dasteht als ohne. Das gilt für ein Micky-Maus-Heft genauso wie für ein Auto oder ein Haus. Nur der Beratungsaufwand und die Abwicklung sind unterschiedlich.

Persönliche Voraussetzungen

Kopf für Zahlen und angenehme Umgangsformen

Wer etwas verkaufen will, muss sich in der Sache auskennen, rechnen können und Menschen gegenüber aufgeschlossen sein. Über die Sachkenntnis brauchen Sie sich keine Gedanken zu machen, die erwerben Sie in der Ausbildung. Den Kopf für Zahlen jedoch sollten Sie mitbringen. Den brauchen Sie zum Beispiel, um Prozente auszurechnen, Beträge zu überschlagen und Dimensionen zu sehen. Mindestens genauso wichtig sind ein freundliches Wesen und kommunikative Fähigkeiten. Schließlich sollen die Kunden *gerne* mit der Verkaufsperson in Kontakt treten und dann auch eine passgenaue Beratung bekommen.

Einsatzbereiche

Handel, Marketing

Einsatzbereich ist der Handel in seiner ganzen Spannweite. Die geht vom Verkauf einer Tüte Chips bis zum Export einer Industrieanlage. Hinzu kommt das Marketing. Das sind alle Maßnahmen, die der Absatzförderung dienen: von der Schaufensterdekoration bis zur groß angelegten Werbekampagne. Sie können also aussuchen, welches Verhältnis zum Kunden Sie gerne hätten: direkten Kontakt, schriftlichen oder telefonischen Kontakt oder mehr einen abstrakten Umgang. Denken Sie an den Weg der Güter hin zum Verwender, an die Art des Kundenverhältnisses *und* die vielen Handelsprodukte, dann bekommen Sie eine Ahnung davon, was es alles zu tun gibt.

Vertrieb und Verkauf

Allgemein oder fachbezogen

Für Vertrieb und Verkauf können Sie sich allgemein ausbilden, etwa zum Einzelhandelskaufmann oder zum Betriebswirt; oder Sie spezialisieren sich von vornherein auf ein Fach, etwa als Immobilienkaufmann oder als Immobilienbetriebswirt.

BWL studieren

Zunächst zu den Studiengängen: Hier bietet sich vor allem die Betriebswirtschaftslehre an, allgemein oder speziell. Damit können Sie später auf der Entscheidungsebene in Unternehmen mitarbeiten oder Unternehmen beraten. Sehen Sie sich die große Fächergruppe der Wirtschaftswissenschaften einmal an. Im Vergleich finden Sie am ehesten das Richtige.

Im Betrieb lernen

Zu den betrieblichen Ausbildungen: Sie führen zu Berufen, die immer wieder auf den Spitzenplätzen der Beliebtheitsliste stehen, so etwa zum Einzelhandelskaufmann, aber auch zu Berufen, die kaum bekannt sind. Oder kennen Sie den Kaufmann für audiovisuelle Medien? Hier ist eine kleine Auswahl für Sie:

- Verkäufer

Kunden bedienen

Verkäufer lernen zwei Jahre lang und arbeiten dann in Geschäften aller Art: vom Bioladen bis zum Baumarkt.

- Fachverkäufer im Lebensmittelhandwerk

Zubereiten, präsentieren, verkaufen

Fachverkäufer im Lebensmittelhandwerk lernen drei Jahre lang, und zwar mit den Schwerpunkten Bäckerei, Konditorei oder Fleischerei. Diese Schwerpunkte werden ab dem zweiten Jahr vertieft. Bei der Arbeit verkaufen sie nicht nur, sondern sie bereiten zum Beispiel auch Häppchen oder andere Kleinigkeiten zu und sorgen dafür, dass alles stets appetitlich aussieht.

- Kaufmann im Einzelhandel

Den Laden organisieren

Einzelhandelskaufleute lernen drei Jahre lang und haben neben dem eigentlichen Verkauf und der Beratung auch betriebswirtschaftliche Aufgaben, so etwa in der Personalplanung oder Sortimentsgestaltung.

- Kaufmann im Groß- und Außenhandel

Mit Sprachen punkten

Kaufleute im Groß- und Außenhandel spezialisieren sich in einer von zwei Fachrichtungen: Großhandel oder Außenhandel. Sie kaufen Waren bei den Herstellern und verkaufen sie an den Handel, das Handwerk oder die Industrie. Im Außenhandel wenden sie internationale Handelsbestimmungen an, sie kalkulieren in fremden Währungen und verhandeln auch in einer Fremdsprache. Wenn Sie also von Haus aus eine zweite Sprache mitbringen, könnten Sie das hier nutzen. Die Ausbildung dauert drei Jahre.

- Bankkaufmann

Finanzprodukte verkaufen

Bankkaufleute beraten ihre Kunden in Geldgeschäften und verkaufen Finanzprodukte. Sie machen eine dreijährige Ausbildung.

- Branchenspezifische Kaufleute

Autos oder Häuser verkaufen

Manche Branchen erfordern so spezifische Sachkenntnisse, dass sie ihre eigenen Kaufleute ausbilden. Denken Sie an den Automobilkaufmann oder den Immobilienkaufmann, an den Buchhändler oder den Musikfachhändler. Das alles sind Berufe mit dreijähriger Ausbildung, die es Ihnen erlauben, Ihre Begeisterung für ein Fach mit kaufmännischem Handeln zu verbinden.

- Kaufmann für audiovisuelle Medien

Bei Film und Fernsehen mitarbeiten

Kaufleute für audiovisuelle Medien arbeiten fürs Fernsehen und in der Filmwirtschaft. Sie planen und kalkulieren deren Produktionen; sie kaufen Rechte und zahlen Honorare. Da sie mitten im Geschehen stehen und Anforderungen von allen Seiten kommen, brauchen sie Organisationstalent, Kommunikationsstärke – und Nerven wie Drahtseile.

Marketing

Studieren oder in der Ausbildung lernen

Wenn Sie das Marketing konzeptionell und betriebswirtschaftlich angehen möchten, empfiehlt sich ein Studium. Sie können Marketing als eigenständiges Fach wählen oder als Schwerpunkt in der Betriebswirtschaftslehre. Wenn Sie die praktische Arbeit bevorzugen, stehen Ihnen zum Beispiel die folgenden Ausbildungsberufe offen:

- Fachangestellte für Markt- und Sozialforschung

Bei Forschungsprojekten mitmachen

Fachangestellte für Markt- und Sozialforschung arbeiten mit an Marktstudien und Projekten der empirischen Sozialforschung. Sie lernen drei Jahre lang.

- Kaufmann für Dialogmarketing

Callcenter-Kampagnen entwerfen

Kaufleute für Dialogmarketing organisieren und steuern die Projekte, die Callcenter für ihre Auftraggeber durchführen. Auf diese Tätigkeit werden sie in einer dreijährigen Ausbildung vorbereitet.

- Servicefachkraft für Dialogmarketing

Am Telefon Kunden werben und betreuen

Servicefachkräfte für Dialogmarketing sind die ausführenden Kräfte in Callcentern. Sie lernen zwei Jahre lang.

- Kaufmann für Marketingkommunikation

Klassische Werbung machen

Kaufleute für Marketingkommunikation arbeiten hauptsächlich in Werbeagenturen. Dort entwickeln sie Werbemaßnahmen für ihre Kunden. Sie steuern deren Umsetzung und kontrollieren die Kosten. Das alles lernen sie in einer dreijährigen Ausbildung.

Schaufenster gestalten

- Gestalter für visuelles Marketing

Gestalter für visuelles Marketing dekorieren Schaufenster, Ladenflächen und Ausstellungsräume. Ihre Ausbildung geht über drei Jahre.

Tipp

Wenn Ihnen der Handel im Blut liegt und Sie damit Ihr Geld verdienen wollen, holen Sie sich weitere Ideen in www.berufenet.arbeitsagentur.de im Berufsfeld »Wirtschaft, Verwaltung«.

Organisieren und verwalten

Aufgabe

Bevor Sie anfangen zu lesen, schreiben Sie bitte sieben Berufe auf, die Ihnen spontan zu Organisation und Verwaltung einfallen:

1) ____________________

2) ____________________

3) ____________________

4) ____________________

5) ____________________

6) ____________________

7) ____________________

Im Fokus der Arbeit

Ordnung herstellen

Im Arbeitsfeld Organisation und Verwaltung sorgen Sie für Ordnung. Damit gewährleisten Sie zum Beispiel, dass Gesetze und Bestimmungen richtig angewandt werden, dass Rechnungen pünktlich bezahlt werden oder dass Arbeitsschritte sinnvoll aufeinanderfolgen. Ordnung tritt zwar nicht immer nach außen in Erscheinung, aber tatsächlich ist sie die Schmiere, mit der das Getriebe läuft.

Persönliche Voraussetzungen

Ordnungsliebe, Blick für Details und Überblick

Berufe in Organisation und Verwaltung spielen sich meistens im Hintergrund ab. Insofern sind sie geeignet für Menschen, die nicht unbedingt das Rampenlicht suchen. Sie sollten einen Sinn für Ordnung mitbringen, Organisationstalent und strategisches Denken. Sie werden außerdem Geduld und Sorgfalt brauchen, denn es kommt immer auch auf Kleinigkeiten an.

Einsatzbereiche

Freie Wirtschaft, öffentlicher Dienst

Organisatorische und verwaltende Aufgaben gehören überall mit dazu: in einem kleinen Handwerksbetrieb genauso wie in einem multinationalen Unternehmen und im öffentlichen Dienst. Jeder muss seine Geschäfte ordentlich abwickeln, wenn er dauerhaft Bestand haben will. Daraus ergibt sich ein großer Bedarf an entsprechend qualifizierten Arbeitskräften.

Wirtschaft

In jedem Büro, egal wie groß, muss jemand die allgemeinen Büroaufgaben erledigen, für die Abwicklung der Aufträge sorgen und den Zahlungsverkehr durchführen. Das sind Aufgaben der ausführenden Ebene, für die Sie sich am ehesten mit einem Ausbildungsberuf qualifizieren. Die Entscheidungen, die die Marschrichtung vorgeben, werden auf der Managementebene getroffen. Dorthin gelangen Sie in der Regel durch ein Studium, zum Beispiel der Betriebswirtschaftslehre. Auf beiden Ebenen sind sowohl Allrounder gefragt als auch Personen mit einem ganz bestimmten fachlichen Hintergrund. Hier ein paar Beispiele für Sie:

- Sekretär

Ansprechpartner für alles

Es sei gleich vorweg gesagt: Es gibt keinen Ausbildungsberuf, der »Sekretär« oder »Sekretärin« heißt. Mit »Sekretär« ist immer eine Funktion gemeint, nämlich Assistenzarbeit. Als Sekretär arbeiten Sie jemandem zu, entweder einer bestimmten Person oder einer Einheit. Die beste Vorbereitung auf eine solche Tätigkeit ist eine kaufmännische Ausbildung.

Der Vollständigkeit halber: Der »Sekretär« kommt auch in Zusammensetzungen vor, zum Beispiel als Gewerkschaftssekretär, Generalsekretär einer Partei oder Staatssekretär. Dann handelt es sich um ranghohe Positionen.

- Kaufmann für Bürokommunikation

Assistenz plus Rechnungswesen plus Sachbearbeitung

Kaufleute für Bürokommunikation sind zuständig für den Schriftverkehr und das Telefon. Außerdem arbeiten sie im Rechnungswesen: Sie kontrollieren und schreiben Rechnungen und buchen Geschäftsvorgänge. Hinzu kommen oft noch Aufgaben im Personalwesen und in der Sachbearbeitung. Sie absolvieren eine dreijährige betriebliche Ausbildung.

- Bürokaufmann

Kaufmännische Verwaltungsarbeiten

Bürokaufleute sind zuständig für das gesamte Spektrum kaufmännisch-verwaltender Arbeiten. Dazu gehören zum Beispiel Buchhaltung, Lohnabrechnung, Rechnungswesen und Steuerfragen. Sie lernen drei Jahre lang in einem Betrieb.

- Kaufmännischer Assistent, Wirtschaftsassistent – Büro/Sekretariat

Alternative: mit schulischer Ausbildung

Kaufmännische Assistenten im Bereich Büro und Sekretariat erledigen ähnliche Aufgaben wie Bürokaufleute. Allerdings werden sie in einer zweijährigen schulischen Ausbildung darauf vorbereitet. Die ist landesrechtlich geregelt und führt deshalb zu unterschiedlichen Abschlussbezeichnungen. Die können Sie sich in der Datenbank www.kursnet.arbeitsagentur.de zeigen lassen.

Hilfe für den Steuerberater

■ Steuerfachangestellte

Steuerfachangestellte unterstützen Steuerberater und Wirtschaftsprüfer bei ihrer Arbeit. Sie erledigen die Buchführung für Mandanten, bereiten Steuererklärungen vor und führen Gehaltsabrechnungen durch. Daneben organisieren sie das eigene Büro. Für diese vielfältigen Aufgaben werden sie drei Jahre lang ausgebildet.

Öffentlicher Dienst und Organisationen

Der öffentliche Dienst arbeitet nicht gewinnorientiert, sondern im Bürgerauftrag. Das unterscheidet ihn von der freien Wirtschaft. Er beschäftigt sowohl Beamte als auch Angestellte. Mit Organisationen sind zum Beispiel die Kirchen gemeint, die Handwerkskammern oder die Industrie- und Handelskammern.

Behördenspezifische Verwaltungsarbeit

■ Verwaltungsfachangestellte

Verwaltungsfachangestellte erledigen allgemeine Büro- und fachspezifische Verwaltungsarbeiten in Behörden und Einrichtungen. Das tun sie in fünf verschiedenen Fachrichtungen: Kommunalverwaltung, Landesverwaltung, Bundesverwaltung, Handwerksorganisation und Industrie- und Handelskammern sowie schließlich Kirchenverwaltung. Ihre Ausbildung dauert drei Jahre.

Sachbearbeitung in Versicherungsfragen

■ Sozialversicherungsfachangestellte

Sozialversicherungsfachangestellte gehen in eine von fünf Fachrichtungen: allgemeine Krankenversicherung, knappschaftliche Sozialversicherung, landwirtschaftliche Sozialversicherung, gesetzliche Rentenversicherung oder gesetzliche Unfallversicherung. Sie bearbeiten Fragen rund um die jeweilige Versicherung. Dafür werden sie drei Jahre lang ausgebildet.

Kundenbetreuung in der Arbeitsagentur

■ Fachangestellte für Arbeitsförderung

Fachangestellte für Arbeitsförderung arbeiten in Arbeitsagenturen und Jobcentern. Dort erteilen sie Auskünfte, sie bearbeiten Anträge und rechnen mit Kostenträgern ab. Dazu müssen sie sich mit den einschlägigen Gesetzen und Vorschriften auskennen. Das lernen sie in einer dreijährigen Ausbildung.

Arbeitsvermittlung in der Arbeitsagentur

- Arbeitsmarktmanager

Arbeitsmarktmanager ist ein Studienberuf. Das dreijährige Studium wird an der Hochschule der Bundesagentur für Arbeit absolviert. Arbeitsmarktmanager beraten und vermitteln Arbeitsuchende und unterstützen Arbeitgeber bei der Personalbeschaffung.

- Beamter im mittleren Dienst oder in einer entsprechenden Laufbahn

Sach- und Verwaltungsaufgaben

Beamte im mittleren Dienst oder in einer entsprechenden Laufbahn bearbeiten unterschiedliche Sachgebiete in der Behörde, und zwar auf der Grundlage von Gesetzen und Verwaltungsvorschriften. Sie brauchen also gute Rechtskenntnisse. In vielen Stellen haben sie auch Publikumsverkehr.
Ansonsten variieren die Inhalte der Arbeit je nach Behörde. Das kann zum Beispiel der Zoll sein, der Bundesnachrichtendienst, die Sozialverwaltung oder die allgemeine innere Verwaltung. Voraussetzung ist jeweils ein mittlerer Bildungsabschluss. Der Vorbereitungsdienst dauert zwei Jahre und endet mit der Laufbahnprüfung.

- Beamter im gehobenen nicht technischen Dienst oder in einer entsprechenden Laufbahn

Sachbearbeitung und Führungsaufgaben

Beamte im gehobenen nicht technischen Dienst oder in einer entsprechenden Laufbahn sind mit Aufgaben der Sachbearbeitung, aber auch mit Führungsaufgaben betraut. Sie müssen größere Sachzusammenhänge überblicken können und brauchen dazu umfangreiches Fachwissen. Das ist in allen möglichen Behörden gefragt: in der allgemeinen inneren Verwaltung ebenso wie im auswärtigen Dienst, im Archivdienst ebenso wie im Kriminaldienst.
Wegen der hohen fachlichen Qualifikation ist die gehobene Laufbahn an ein Studium geknüpft. Entsprechend wird als Zugangsvoraussetzung das Abitur oder die Fachhochschulreife verlangt. Das Studium wird an einer Fachhochschule für öffentliche Verwaltung absolviert und dauert in der Regel drei Jahre.

Tipp

Berufe, die mit Organisation und Verwaltung zu tun haben, finden Sie in www.berufenet.arbeitsagentur.de im Berufsfeld »Wirtschaft, Verwaltung«.

Für Recht und Sicherheit sorgen

Aufgabe

Bevor Sie anfangen zu lesen, schreiben Sie bitte sieben Berufe auf, die Ihnen spontan zu Recht und Sicherheit einfallen:

1) ______________________________

2) ______________________________

3) ______________________________

4) ______________________________

5) ______________________________

6) ______________________________

7) ______________________________

Im Fokus der Arbeit

Das Gesetz

Vielleicht haben Sie bei Ihrem Brainstorming an Richter und Rechtsanwälte gedacht, an Polizisten, Feuerwehrleute und Sicherheitsfachkräfte. Deren Berufsalltag sieht natürlich sehr unterschiedlich aus, dennoch gibt es eine große

Gemeinsamkeit: Im Kern geht es immer um die Einhaltung von Gesetzen und Verordnungen. Die ist so wichtig für die Gesellschaft als Ganzes, dass sie durch geistige Auseinandersetzung und körperlichen Einsatz zu gewährleisten ist. Daher kommt das große Spektrum an einschlägigen Berufen.

Persönliche Voraussetzungen

Rechtsbewusstsein und Durchsetzungsvermögen

Da es um Recht und Gesetz geht, brauchen Sie auf jeden Fall ein gesundes Rechtsbewusstsein. Sie sollten selbstsicher sein und durchsetzungsstark. Die weiteren Voraussetzungen ergeben sich aus den jeweiligen Berufen. Polizisten zum Beispiel müssen körperlich fit sein; Anwälte müssen abstrakt denken und geschickt argumentieren können.

Einsatzbereiche

Vieles im Staatsdienst

Recht und Sicherheit sind immer auch ein allgemeines Interesse, deshalb liegen viele Berufe in öffentlicher Hand. Die Polizei etwa ist den Innenministerien unterstellt, der Justizvollzug den Justizministerien, die Bundeswehr dem Bundesverteidigungsministerium. Zusätzlich wird das Bedürfnis nach Schutz und Sicherheit auch vom privaten Sektor bedient. Denken Sie an Objektschutz oder Werttransporte.

Recht und Sicherheit im öffentlichen Dienst

Im öffentlichen Sektor angesiedelt sind Polizei, Justiz und Bundeswehr. Auch die Feuerwehr liegt – zumindest zum Teil – in öffentlicher Hand.

- Polizei

Demokratieverständnis und Zivilcourage zeigen

Zunächst ein paar Worte zur Struktur, damit Sie sich einordnen können: Jedes Bundesland hat seine eigene Polizei. Allerdings gibt es auch Aufgaben, die den Bund als Ganzes betreffen, deshalb gibt es zusätzlich die Bundespolizei und das Bundeskriminalamt. Die Polizei ist in verschiedenen Laufbahnen organisiert. Je höher die Laufbahn, desto größer ist der Grad der Verantwortung, desto komplexer ist die Ausbildung und desto mehr Schulbildung wird vorausgesetzt. Für alle Laufbahnen gleichermaßen müssen Sie die körperliche und charakterliche Eignung nachweisen.

Wenn Sie sich für den Polizeiberuf interessieren, besuchen Sie auf jeden Fall die Internetseite www.polizei.de. Das ist die offizielle Seite der deutschen Polizei. Hier können Sie die 16 Bundesländer anklicken und sich bei der Bundespolizei und im Bundeskriminalamt umsehen. Dabei erfahren Sie alle Details zu den Voraussetzungen, zu den Ausbildungsgängen und zu den Aufgaben im Beruf.

- Justiz

Recht sprechen, pflegen und vollstrecken

Justiz steht für die Behörden und Ämter, die für die Rechtsprechung und die Rechtspflege zuständig sind. Hinzu kommt noch der Justizvollzug. Richter, Staatsanwalt oder Notar können Sie werden, wenn Sie Volljurist sind. Das heißt: Sie müssen ein universitäres Jurastudium mit dem ersten Staatsexamen abschließen und den anschließenden Vorbereitungsdienst mit dem zweiten Staatsexamen.

Berufe ohne Studium sind zum Beispiel Justizfachangestellte bei Gerichten und Staatsanwaltschaften oder Beamte in der Justizverwaltung und im Justizvollzug. Hier ist der mittlere Dienst beziehungsweise die entsprechende Laufbahn mit einem mittleren Bildungsabschluss zugänglich.

- Bundeswehr

Deutschland dienen

Die Bundeswehr umfasst die Organisationsbereiche Heer, Luftwaffe, Marine, Sanitätsdienst und Streitkräftebasis; sie dient der Verteidigung. Dazu gehört auch der Einsatz in internationalen Krisengebieten. Bei der Bundeswehr können Sie nicht nur kurzfristigen Wehrdienst leisten (siehe Kapitel »Wege erkunden«), sondern auch langfristig Karriere machen, und zwar mit allen Schulabschlüssen. Sie können sogar mit Hauptschulabschluss eintreten und dann während Ihrer Dienstzeit eine zivilberufliche Ausbildung absolvieren. Mit Abitur oder Fachabitur können Sie eine Offizierslaufbahn einschlagen. Offiziere sind Führungskräfte mit großer Verantwortung, deshalb werden sie

in der Regel in einem Studium auf ihre Aufgaben vorbereitet. Die Bundeswehr hat zwei eigene Universitäten: eine in Hamburg, eine in München.
Bei allem, was die Bundeswehr an Ausbildungsmöglichkeiten bietet, bedenken Sie bitte, dass Sie Soldat sein werden – auf lange Zeit und mit allen Verpflichtungen, die dazugehören. Übrigens stehen auch bei der Bundeswehr sämtliche Karrieren für Männer *und* Frauen offen. Bei Interesse holen Sie sich bitte detaillierte Informationen aus erster Hand, im Internet unter www.bundeswehr-karriere.de.

- Feuerwehr

Helfen, wenn's brennt

Feuerwehrleute rangieren ganz oben auf der Liste der vertrauenswürdigen Berufe. Kein Wunder, denn sie greifen ein bei Gefahr und retten Leben. Dazu brauchen sie technische, strategische und rechtliche Kenntnisse; sie müssen körperlich fit sein und auch unter Stress zuverlässig reagieren.
Berufsfeuerwehrleute sind Beamte in unterschiedlichen Laufbahnen. Für den mittleren technischen Dienst wird in der Regel ein Hauptschulabschluss samt förderlicher Berufsausbildung verlangt, für den gehobenen technischen Dienst ein Bachelorstudium in einem technischen oder naturwissenschaftlichen Fach. Gleichzeitig gelten immer auch die beamtenrechtlichen Voraussetzungen.

Recht und Sicherheit im privaten Interesse

Im privaten Sektor streiten vor allem Rechtsanwälte fürs Recht; Sicherheitsdienste garantieren Sicherheit. Hier sind beispielhaft einige Berufe:

- Rechtsanwalt

Mandanten beraten und vertreten

Rechtsanwälte beraten Mandanten in Rechtsangelegenheiten und vertreten sie vor Gericht. Sie müssen Volljuristen sein, also das erste und das zweite Staatsexamen in der Tasche haben, und brauchen außerdem die Zulassung durch die Rechtsanwaltskammer. Rechtsanwälte arbeiten freiberuflich, oder sie sind angestellt, etwa in Sozietäten oder großen Unternehmen.

Wirtschaftliche Fragen rechtlich betrachten

■ Wirtschaftsjurist

Wirtschaftsjuristen verbinden Recht und Wirtschaft. Sie sorgen dafür, dass Geschäfte wirtschaftlich vorteilhaft *und* rechtlich hieb- und stichfest sind. Diese Leistung ist zum Beispiel in Rechts- und Personalabteilungen gefragt, in Banken und Unternehmensberatungen. Wirtschaftsjuristen können Wirtschaftsrecht studieren – auch an Fachhochschulen – und ihr Studium mit einem Bachelor of Laws abschließen.

Rechtsanwälte unterstützen

■ Rechtsanwaltsfachangestellte

Rechtsanwaltsfachangestellte gehen Rechtsanwälten zur Hand. Sie führen Akten, achten auf Fristen und fertigen Schriftsätze an. Sie berechnen Forderungen, überwachen Zahlungseingänge und erledigen die Korrespondenz. Das alles lernen sie in einer dreijährigen dualen Ausbildung.

Personen und Objekte schützen

■ Fachkraft für Schutz und Sicherheit

Fachkräfte für Schutz und Sicherheit schützen Personen, Objekte und Werttransporte. Dazu müssen sie in der Lage sein, Gefahrensituationen einzuschätzen und mit sicherheitstechnischen Anlagen umzugehen. Sie brauchen Menschenkenntnis, Kommunikationsgeschick und Durchsetzungsvermögen, um deeskalierend eingreifen zu können. Sie erlernen ihren Beruf in einer dreijährigen Ausbildung.

Brand und Gefahren vorbeugen

■ Werkfeuerwehrleute

Werkfeuerwehrleute stellen die Feuerwehr im Betrieb. Die ist dann erforderlich, wenn ein Betrieb ein erhöhtes Risiko hat, so wie das etwa bei Kraftwerken oder in der chemischen Industrie der Fall ist. Werkfeuerwehrleute sind zuständig für vorbeugende Maßnahmen; gleichzeitig halten sie alles für den Ernstfall bereit. Wenn der eintritt, führen sie die notwendigen Maßnahmen durch. Werkfeuerwehrleute absolvieren eine dreijährige Ausbildung in der Industrie.

Tipp

Berufe, die mit Recht und Sicherheit zu tun haben, finden Sie in www.berufenet.arbeitsagentur.de an verschiedenen Stellen. Schauen Sie im Berufsfeld »Dienstleistung« in den Rubriken »Berufe in Uniform« und »Berufe rund um Schutz und Sicherheit«. Schauen Sie außerdem im Berufsfeld »Wirtschaft, Verwaltung« in der Rubrik »Berufe rund um Recht und Verwaltung«.

Sprachen nutzen, Infos ordnen, Medien machen

Aufgabe

Bevor Sie anfangen zu lesen, schreiben Sie bitte sieben Berufe auf, die mit Sprachen, Dokumentation und redaktioneller Medienarbeit zu tun haben:

1) ____________________

2) ____________________

3) ____________________

4) ____________________

5) ____________________

6) ____________________

7) ____________________

Informationen zugänglich machen

Im Fokus der Arbeit

Bei der Arbeit in diesem Bereich werden Informationen zusammengetragen, ausgewertet, geprüft, möglicherweise in eine andere Form übertragen und einem Empfänger zugänglich gemacht. Dabei darf nichts verloren gehen oder verfälscht werden. Ziel ist die vollständige und richtige Information.

Auffassungsgabe und Sprachgefühl

Persönliche Voraussetzungen

Wer mit Informationen handelt, muss sie zunächst einmal verstehen. Sie brauchen also eine gute Auffassungsgabe und Sprachgefühl. Um die Informationen weiterzuverarbeiten, brauchen Sie abstraktes Denken. Im direkten Umgang mit Menschen kommen noch kommunikative Fähigkeiten hinzu. Die weiteren Voraussetzungen ergeben sich aus dem jeweiligen Beruf.

Sprache und Medien

Einsatzbereiche

Informationsvermittlung wird in allen Bereichen des öffentlichen Lebens gebraucht; entsprechend weit verteilt sind die Berufe. Sie sind in der Wirtschaft angesiedelt, im öffentlichen Dienst und in der Kultur. Viele Sprach- und Medienberufe werden frei ausgeübt, sodass auch kleinste Nischen besetzt werden können.

Dolmetschen und übersetzen

Fremdsprachen

Fremdsprachenkenntnisse sind immer willkommen; in einigen Berufen jedoch machen sie das Kerngeschäft aus: bei Übersetzern, Dolmetschern und Fremdsprachenkorrespondenten. Übersetzer übertragen schriftliche Texte aus der Ausgangssprache in die Zielsprache. Meist sind das Gebrauchstexte, etwa aus Wirtschaft und Technik, seltener literarische Texte. Dolmetscher übertragen das gesprochene Wort. Das tun sie simultan, also während der Redner spricht, oder konsekutiv, nachdem der Redner einen Abschnitt beendet hat. Sie werden bei internationalen Verhandlungen oder auch bei Gericht eingesetzt.

Sowohl Dolmetscher als auch Übersetzer brauchen profunde Kenntnisse der anderen Sprache und Kultur; sonst kommt es nämlich leicht zu Missverständnissen. Sie können ihre Qualifikation in einem Studium erwerben oder aber in einer Ausbildung an einer Berufsfachschule.
Fremdsprachenkorrespondenten führen Handelskorrespondenz in einer Fremdsprache. Sie übersetzen Briefe und Dokumente und erledigen kaufmännische Aufgaben. Sie erlernen ihren Beruf an einer Berufsfachschule. Die Ausbildung ist landesrechtlich geregelt und dauert ein bis drei Jahre.

Dokumentation

Informationen sammeln und erschließen

Informationen sind nur dann von Nutzen, wenn man sie findet. Deshalb beschäftigt sich eine Reihe von Berufen allein damit, Informationen zu sammeln, zu ordnen und zugänglich zu machen. Bibliothekare etwa organisieren Bibliotheken. Sie beschaffen Material, erschließen es und ordnen es in die Systematik ein. Sie arbeiten zum Beispiel in öffentlichen Bibliotheken oder in Hochschulbibliotheken.
Archivare betreuen Archive. Das sind Sammlungen von Schriftstücken, Film-, Bild- und Tonmaterialien. Sie entscheiden, was aufgenommen und wo abgelegt wird. Sie arbeiten zum Beispiel in Staatsarchiven oder Rundfunkarchiven.
Dokumentare recherchieren Informationen, sie erschließen Dokumente und pflegen Informationssysteme. Sie arbeiten in Bibliotheken, Archiven, Presseagenturen und Firmen, die Datenbanken verwalten.
Bibliothekar, Archivar und Dokumentar sind Studienberufe. In dualer Ausbildung können Sie Fachangestellter für Medien- und Informationsdienste werden, und zwar in den folgenden Fachrichtungen: Archiv, Bibliothek, Bildagentur, Information und Dokumentation und schließlich medizinische Dokumentation.

Recherchieren und präsentieren

Journalismus

Journalisten recherchieren Themen, werten die Informationen aus und machen daraus Beiträge für Radio und Fernsehen, für Print- und Onlinemedien. Um das leisten zu können, brauchen sie vorweg eine gute Allgemeinbildung. Sie müssen Sachverhalte logisch durchdenken und kritisch hinterfragen können, damit ihnen niemand ein X für ein U vormacht.

In aktuellen Redaktionen arbeiten Journalisten oft unter Zeitdruck, denn sie sollen ja nicht Schnee von gestern verbreiten. Sie können sich mit der Zeit auf ein Ressort festlegen, zum Beispiel Politik, Wirtschaft, Kultur oder Sport, und in bestimmte Funktionen hocharbeiten, etwa die Moderation von Sendungen oder die Chefredaktion.

Die Ausbildung zum Journalisten ist nicht fest vorgeschrieben. In der Regel steht am Anfang ein Fachstudium, sozusagen als theoretischer Unterbau. Daran schließt sich ein meist zweijähriges Volontariat bei einer Zeitung oder einem Sender an. Das ist dann der praktische Teil der Ausbildung. Hier durchlaufen die Volontäre verschiedene Redaktionen, damit sie nachher möglichst vielseitig einsetzbar sind.

Eine Alternative zu diesem Weg wäre der Besuch einer Journalistenschule. Hier wird der Unterricht durch Praktika ergänzt, sodass ein Volontariat nicht mehr nötig ist. Ein Studium wird zwar nicht grundsätzlich vorausgesetzt, aber doch gerne gesehen. Bewerber müssen sich einem rigorosen Auswahlverfahren stellen. Muster für Testaufgaben können Sie sich auf den Internetseiten der Schulen ansehen, etwa unter www.journalistenschule.de. Eine weitere Alternative wäre ein Journalistikstudium. Bei der Wahl des Studienganges können Sie eine Checkliste des Deutschen Journalisten-Verbandes (DJV) zur Hilfe nehmen. Dessen Internetseite – www.djv.de – ist ohnehin sehr hilfreich.

Buchbranche

Bücher machen

Denken Sie bei Büchern nicht nur ans Schreiben, sondern an den langen Weg von der Buchidee bis hin zum Leser. Auf diesem Weg sind nämlich sehr unterschiedliche Berufe angesiedelt. Autor werden kann jeder, der sich berufen fühlt; die Auslese erledigt der Markt. Entsprechende Studiengänge gibt es ebenfalls: »Kreatives Schreiben und Kulturjournalismus« in Hildesheim, »Literarisches Schreiben« in Leipzig.

Im Verlag ist die erste Anlaufstelle das Lektorat. Lektoren prüfen und begleiten Manuskripte bis zur Fertigstellung. Sie haben in der Regel ein geisteswissenschaftliches Studium absolviert.

Nach dem Lektorat kommt die Herstellung. Verlagshersteller übernehmen das Manuskript und betreuen es bis zur Auslieferung, müssen also gestalterisch, technisch, und organisatorisch auf der Höhe sein. In die Herstellung kann man quereinsteigen, aber es gibt auch einen Studiengang »Buch- und Medienproduktion«.

Weiter geht es mit dem Medientechnologen Druck, der für das Drucken zuständig ist. Der Medientechnologe Druckverarbeitung übernimmt das Buchbinden. Und der Buchhändler schließlich bringt das Buch unters Volk. Diese drei Berufe werden in dreijähriger betrieblicher Ausbildung gelernt.

Tipp

Wenn Sie den Eindruck haben, dass der Umgang mit Informationen Ihnen liegt, dann recherchieren Sie weiter in www.berufenet.arbeitsagentur.de, und zwar im Berufsfeld »Dienstleistung« in der Rubrik »Berufe mit Fremdsprachen« und außerdem im Berufsfeld »Medien«.

Erziehen, unterrichten, unterstützen

Aufgabe

Bevor Sie anfangen zu lesen, schreiben Sie bitte sieben Berufe auf, die mit Erziehung, Unterricht und Hilfe zu tun haben:

1) ______________________

2) ______________________

3) ______________________

4) ______________________

5) ______________________

6) ______________________

7) ______________________

Im Fokus der Arbeit

Auf Menschen zugehen

Die Arbeit ist auf Menschen gerichtet. Sie soll ihnen etwas geben, was den Weg durchs Leben leichter macht. Zum Beispiel: Kleine Kinder bekommen von ihren Erziehern Sozialverhalten beigebracht. Schüler bekommen von ihren Lehrern fachliches Wissen vermittelt. Menschen in schwierigen Lebenslagen erhalten von Sozialarbeitern oder Seelsorgern praktischen oder seelischen Beistand. In allen Fällen wird den Empfängern der beruflichen Leistung ein Stück weitergeholfen.

Persönliche Voraussetzungen

Wer in diesem Bereich erfolgreich arbeiten will, sollte vier Zutaten mitbringen:

1) Ein großes Herz für Menschen

Menschen mögen

Menschen können *so* nervig sein. Das gilt umso mehr, wenn ihnen offensichtlich etwas fehlt, so wie eben kleinen Kindern die Einsicht fehlt, Schülern manchmal die Lust am Lernen, unglücklichen Menschen zuweilen die Hoffnung. Die daraus resultierenden Verhaltensweisen muss man mit Geduld zu nehmen wissen. Mehr noch: Man muss die Menschen trotz ihrer Verhaltensweisen schätzen und das Gute sehen. Das schaffen nur Menschenfreunde.

2) Die Fähigkeit zur Abgrenzung

Probleme in Grenzen halten

Das große Herz ist auf einen zuverlässigen Begleiter angewiesen: auf die Fähigkeit, sich von den Problemen anderer abzugrenzen. Ohne diese Fähigkeit versinkt man im Mitleid und sieht selbst kein Land mehr.

3) Eine stabile Persönlichkeit

Gegenwind aushalten

Wer anderen Menschen eine Stütze sein will, darf nicht selbst von jedem kleinen Gegenwind umgeblasen werden.

4) Ein solides Verständnis der Inhalte

Bescheid wissen

Stellen Sie sich einen Lehrer vor, der sich in seinem Fach nicht auskennt. Er kann nicht überzeugend auftreten, also auch nicht gut unterrichten. So ist das nun einmal: Weitergeben kann man immer nur das, was man selbst hat.

Wechselnde Schwerpunkte

Je nach Einsatzbereich steht mal das eine, mal das andere im Vordergrund. Ein Hochschullehrer braucht mehr Fachwissen, ein Förderlehrer mehr Geduld. Doch unabhängig davon, wo der Schwerpunkt liegt, sollten immer alle vier Zutaten vorhanden sein.

Einsatzbereiche

Steigender Bedarf

Das Schöne an sozialen und pädagogischen Tätigkeiten ist: Sie werden überall und immer gebraucht. Der Bedarf wird sogar noch steigen, und zwar aus mehreren Gründen:

- Kinder sollen von klein auf und ganztags außer Haus betreut werden, damit die Eltern arbeiten können. Also braucht man Erzieher.
- Die Bildung soll einen höheren Stellenwert bekommen, damit die Wirtschaft mit qualifiziertem Nachwuchs versorgt werden kann. Also braucht man Lehrkräfte.
- Der soziale Druck nimmt zu, und das halten viele Menschen nicht aus. Deshalb braucht man die vielen Berufe, die Entlastung und Hilfe bieten.

Die Arbeitgeber sind so unterschiedlich wie die Aufgaben. Vieles liegt in öffentlicher Hand, vieles bei Wohlfahrtsverbänden, einiges bei den Kirchen. Aber es gibt auch private Träger, und zwar in jeder Größenordnung. Kinderbetreuung etwa kann von einer kleinen Elterninitiative organisiert werden und genauso von einem großen Industriebetrieb.

Ausbildungsberufe

In sozialen Berufen muss man von vielen verschiedenen Bereichen eine Ahnung haben. Deshalb erfolgt die Ausbildung auf schulischem Wege. Sehen Sie sich eine kleine Auswahl an.

- Erzieher

Kinder oder Jugendliche erziehen

Erzieher arbeiten mit Gruppen von Kindern oder Jugendlichen. Sie organisieren Aktivitäten, achten auf das körperliche Wohlergehen und haben immer ein offenes Ohr für ihre Schützlinge und deren Eltern. Sie arbeiten vor allem in Kindergärten, Kinderkrippen, Horten und Heimen. Die Ausbildung ist nach Landesrecht geregelt und dauert zwei bis vier Jahre.

- Heilerziehungspfleger

Behinderte Menschen unterstützen

Heilerziehungspfleger betreuen behinderte Menschen, und nach der Art der Behinderung richten sich auch ihre Aufgaben. Schwerstbehinderte benötigen Hilfe bei ihren körperlichen Verrichtungen; anderen wiederum reicht die Hilfe bei einer sinnvollen Tagesgestaltung oder bei der beruflichen Eingliederung. Heilerziehungspfleger arbeiten vor allem in Einrichtungen der Behindertenhilfe. Sie lernen – je nach Bundesland – zwei bis drei Jahre.

Bayerische Besonderheit: unterrichten ohne Abitur

■ Förderlehrer

Förderlehrer unterstützen den Unterricht und wenden sich Kindern mit speziellem Förderbedarf zu. Dazu werden sie gründlich ausgebildet: zunächst drei Jahre lang an einem Staatsinstitut für die Ausbildung von Förderlehrern, dann zwei Jahre lang im Vorbereitungsdienst. Voraussetzung ist ein mittlerer Bildungsabschluss. Die Ausbildung zum Förderlehrer gibt es nur in Bayern.

Studienberufe

Die Studienberufe in diesem Bereich sind stark praktisch geprägt und dem Menschen zugewandt. Denken Sie an soziale Arbeit und das gesamte Spektrum der Lehrberufe.

Soziale Probleme lindern oder lösen

■ Sozialarbeiter

Sozialarbeiter gehen als Streetworker auf die Straße und sitzen als Sachbearbeiter in Ämtern. Sie arbeiten mit Kindern, Jugendlichen, Straffälligen, Obdachlosen, Arbeitslosen, alten Menschen, Familien – überall dort, wo es Probleme gibt. Soziale Arbeit ist ein klassisches Fachhochschulstudium mit umfangreichen Praxisphasen.

Menschen etwas beibringen

■ Lehrer

Lehrer unterrichten Kinder und Jugendliche in allen Schulformen *und* Erwachsene. Denken Sie an Lehrer in Volkshochschulen und Sprachenschulen oder an Hochschullehrer. In das Lehramt an öffentlichen Schulen gelangt man ausschließlich durch ein Lehramtsstudium plus Referendariat.

Für die anderen Lehrer ist der Zugang nicht vorgeschrieben; naheliegend sind Studiengänge wie Pädagogik oder Fremdsprachendidaktik. Arbeit gibt es bei öffentlichen und privaten Bildungsträgern, aber auch bei Verbänden, Gewerkschaften und Parteien.

In den Beruf des Hochschullehrers wächst man in der Regel langsam hinein: Man fängt während des Studiums als wissenschaftliche Hilfskraft an, übernimmt Tutorien, macht einen guten Abschluss, forscht und publiziert, bekommt Lehraufträge – und irgendwann vielleicht eine Stelle.

Kirchliche Berufe

Aus dem Glauben heraus wirken

Die kirchlichen Berufe – zum Beispiel Priester, Diakon oder Gemeindereferent – haben eine Besonderheit: Sie setzen den entsprechenden Glauben voraus. Das hat nichts mit Diskriminierung zu tun, sondern mit Logik. Wer selbst nicht glaubt, kann nicht aus dem Glauben heraus wirken. Er kann zwar Gesten vollführen und Inhalte referieren, aber sie sind nicht glaubhaft. Kurz und gut: Für kirchliche Berufe braucht man einen innigen Glauben und den Wunsch, ihn deutlich zu leben und weiterzugeben. Das ist die Berufung.

Tipp

Weitere Berufe für Menschen mit einer sozialen Ader finden Sie in www.berufenet.arbeitsagentur.de im Berufsfeld »Soziales, Pädagogik«.

Heilen, pflegen, zurechtmachen

Aufgabe

Bevor Sie anfangen zu lesen, überlegen Sie sich bitte sieben Berufe, die Menschen heilen, pflegen und stylen:

1) ______________________

2) ______________________

3) ______________________

4) ______________________

5) ______________________

6) ______________________

7) ______________________

Im Fokus der Arbeit

Gesundheit und Wohlbefinden fördern

Heil-, Pflege- und Schönheitsberufe fördern die Gesundheit der Menschen und ihr Gefallen am eigenen Körper. Das eine hängt immer mit dem anderen zusammen, sodass Arzt, Physiotherapeut und Friseur letztlich an einem Strang ziehen: Jeder trägt mit seiner Behandlung zu einem besseren Wohlbefinden bei. Und ganz zum Schluss, wenn man es selbst schon nicht mehr merkt, erweist einem die Bestattungsfachkraft die letzte Ehre.

Persönliche Voraussetzungen

Keine Scheu vor körperlichen Dingen

Viele Berufe in diesem Bereich haben einen gemeinsamen Nenner: Das ist der Umgang mit körperlichen Dingen. Wenn Sie selbst nur junge und gesunde Körper kennen, ist Ihnen vielleicht nicht klar, was das bedeutet. Alter, Krankheiten und Verletzungen können einen Körper sehr stark mitnehmen; er kann schlimm aussehen, übel riechen und vielleicht sogar ansteckend sein. Aber egal, wie der Körper ist, er gehört zu einem Menschen, der Hilfe und Respekt verdient. Beides muss man ihm ohne Abscheu geben können.

Verständnis für emotionale Störungen

Berufe, die sich um die psychische Gesundheit kümmern, setzen Verständnis für emotionale Störungen voraus. Das heißt nicht, dass man jegliches Verhalten gutheißen muss; aber man muss anerkennen, dass es sehr komplexe psychische Konstellationen gibt, die sich eben nicht per Knopfdruck abschalten lassen.

Einsatzbereiche

Von der Wiege bis zur Bahre

Berufe rund um Gesundheit und Körperpflege begleiten uns buchstäblich vom ersten bis zum letzten Tag. Sie sind sicher vor Auslagerung, denn sie können ja nur vor Ort am Menschen ausgeübt werden. Und da die Bevölkerung immer älter wird und mit dem Alter die Zipperlein zunehmen, wird der Bedarf noch steigen. Arbeitgeber gibt es überall: in Krankenhäusern, Pflegediensten, großen Unternehmen und kleinen Betrieben. Viele Berufe im Gesundheitswesen sind freie Berufe und werden überwiegend selbstständig ausgeübt.

Ausbildungsberufe

Die folgende Auswahl geht vom Medizinischen über Pflege und Schönheit bis zum Ende.

- Medizinischer Fachangestellter

Medizinische Fachangestellte

Medizinische Fachangestellte helfen Ärzten bei ihrer Arbeit. Sie bereiten Behandlungen vor, assistieren bei Eingriffen, führen Laborarbeiten durch, organisieren die Abläufe und machen die Abrechnungen. Medizinische Fachangestellte absolvieren in der Regel eine dreijährige Ausbildung in einer Arztpraxis.

- Zahnmedizinischer Fachangestellter

Zahnmedizinische Fachangestellte

Zahnmedizinische Fachangestellte haben ähnliche Aufgaben wie medizinische Fachangestellte, aber eben bei Zahnärzten.

■ Rettungsassistent

Erste Hilfe

Rettungsassistenten leisten Erste Hilfe am Unfallort, führen lebensrettende Maßnahmen durch und transportieren Patienten. Sie werden zwei Jahre lang an einer Berufsfachschule ausgebildet. Das Mindestalter ist 18 Jahre. Rettungsassistenten arbeiten bei Rettungsdiensten, Krankentransportunternehmen oder bei der Feuerwehr.

■ Hebamme oder Entbindungspfleger

Geburtshilfe

Hebammen befördern Babys ins Leben. Ihr Einsatz beginnt mit der Schwangerenberatung und Geburtsvorbereitung. Normale Geburten begleiten sie allein, ansonsten assistieren sie dem Arzt. Nach der Geburt versorgen sie Mutter und Kind. Hebammen erlernen ihren Beruf in einer dreijährigen Berufsfachschulausbildung. Sie arbeiten in Kliniken, Geburtshäusern oder in eigener Praxis.

■ Physiotherapeut

Krankengymnastik

Physiotherapeuten behandeln Menschen, die in ihrer Beweglichkeit eingeschränkt sind. Sie entwickeln Behandlungspläne und leisten Hilfestellung bei den Übungen. Das alles lernen sie in einer dreijährigen schulischen Ausbildung. Sie arbeiten meistens in Krankenhäusern, Altenheimen oder in eigener Praxis. Verwandte Berufe sind der Ergotherapeut sowie der Masseur und medizinische Bademeister.

■ Gesundheits- und Krankenpfleger

Pflege kranker Menschen

Gesundheits- und Krankenpfleger versorgen kranke und pflegebedürftige Menschen, meistens in Krankenhäusern, aber auch in ambulanten Diensten. Sie erlernen ihren Beruf in einer dreijährigen Ausbildung in einer Krankenpflegeschule. Sie haben vielfältige Möglichkeiten, sich zu spezialisieren, zum Beispiel auf Intensivpflege, Geriatrie oder Psychiatrie. Kinderkrankenpflege ist eine Ausbildung für sich.

■ Altenpfleger

Versorgung alter Menschen

Altenpfleger helfen alten Menschen, die nicht mehr allein zurechtkommen, bei ihren alltäglichen Verrichtungen, so etwa beim Essen, beim Toilettengang und bei der Körperpflege. Auch Sterbebegleitung gehört zu ihren Aufgaben.

Altenpfleger absolvieren eine dreijährige Ausbildung in einer Altenpflegeschule.

- Friseur

Styling und Beratung

Der Friseurberuf zählt bei Frauen zu den häufigsten Ausbildungsberufen. Er ist niedrig bezahlt, aber inhaltlich anspruchsvoll: Ein guter Friseur kennt sich mit Haaren aus, hat handwerkliches Geschick und einen Sinn für Schönheit und kann auf Kunden eingehen. Friseure erlernen ihr Handwerk in einer dreijährigen Ausbildung in einem Friseurbetrieb. Sie können ihren Meister machen und damit einen eigenen Laden führen.

- Kosmetiker

Schönheitspflege

Kosmetiker führen Schönheitsbehandlungen sowie Typberatungen durch und verkaufen Kosmetikartikel. Das alles lernen sie in einer dreijährigen betrieblichen Ausbildung oder auch in einer Schule. Sie arbeiten in Kosmetikstudios, Parfümerien oder Wellnesshotels. Sie können sich weiterbilden zum Visagisten. Dann schminken sie Personen für besondere Anlässe, zum Beispiel für Fotoshootings. Der Maskenbildner wiederum ist ein eigenständiger Ausbildungsberuf.

- Bestattungsfachkraft

Die letzte Ehre

Bestattungsfachkräfte sind zur Stelle, wenn jemand verstorben ist. Sie stehen den Hinterbliebenen bei, kümmern sich um den Verstorbenen und organisieren die Trauerfeier. Zudem übernehmen sie Verwaltungsaufgaben, die mit einem Todesfall einhergehen. Sie lernen drei Jahre lang und arbeiten vor allem in Bestattungsinstituten.

Studienberufe

Ärzte

Bei den Studienberufen dieser Richtung sind die Ärzte am stärksten vertreten, und zwar Ärzte jeglicher Gattung. Diese Berufe sind so begehrt, dass die Studiengänge Medizin und Zahnmedizin mit einem Numerus clausus belegt sind. Ärzte lassen sich gerne mit einer eigenen Praxis nieder, aber sie arbeiten auch in Kliniken, bei Behörden oder in großen Betrieben.

Psychologen

Die Psychologie ist ein Segment für sich, ebenfalls mit vielen Berufen und Spezialisierungen. Sie ist eine empirische Wissenschaft, stützt sich also auf Experimente und Beobachtungen. Deshalb spielen auch im Studium Statistik und computergestützte Datenanalysen eine wichtige Rolle. Psychologen werden hauptsächlich im klinischen Sektor gebraucht, aber auch bei Behörden, in Schulen oder in der Marktforschung.

Pflegemanager

Pflege wird ebenfalls auf einem wissenschaftlichen Niveau betrieben, und zwar mit unterschiedlichen Ausprägungen. Mal geht es mehr um die inhaltliche Seite, mal um die wirtschaftliche Optimierung. Die Studiengänge setzen in der Regel eine einschlägige Ausbildung voraus; der Studienabschluss eröffnet den Weg in Führungspositionen.

Tipp

Bei Interesse an Heil- und Pflegeberufen sehen Sie sich bitte in www.berufenet.arbeitsagentur.de das Berufsfeld »Gesundheit« an. Schönheitsberufe finden Sie im Berufsfeld »Dienstleistung« in der Rubrik »Berufe rund um Kosmetik, Körperpflege und Wellness«.

Tiere und Pflanzen versorgen

Aufgabe

Bevor Sie anfangen zu lesen, schreiben Sie bitte sieben Berufe auf, in denen sich alles um Tiere oder Pflanzen dreht:

1) ______________________________

2) ______________________________

3) ______________________________

4) ______________________________

5) ______________________________

6) ______________________________

7) ______________________________

Im Fokus der Arbeit

Kreaturen mit eigenen Bedürfnissen

Im Mittelpunkt der Arbeit stehen Tiere oder Pflanzen – Lebewesen mit ihren eigenen natürlichen Ansprüchen. Die lassen sich – selbst wenn die Zucht noch so industrialisiert ist – niemals ganz verdrängen. Somit ist die Natur in diesen Berufen ein entscheidender Mitspieler.

Persönliche Voraussetzungen

Tiere sind tierisch und sollen es auch sein. Daraus entstehen einige besondere Anforderungen an die Menschen, die mit ihnen arbeiten.

1) Sie sollten nicht durch Tierliebe verblendet sein.

Realität der Tiere

Viele Menschen erfahren ihre Tierliebe durch die Tiere in ihrer Obhut. Mit denen kuscheln sie, und die haben es richtig gut. Der berufliche Umgang mit Tieren jedoch sieht anders aus. Er hat viel mit tierischem Leid zu tun, und darauf sollte man eingestellt sein.

2) Sie sollten Tiere achten, und zwar unabhängig von ihrem Nutzwert für den Menschen.

Tierisches Verhalten

Wer mit Tieren arbeitet, muss anerkennen, dass Tiere nicht menschlich und auch nicht unbedingt dem Menschen gefällig handeln. Im Gegenteil: Ihre Äußerungen und Reaktionen werden oft als störend empfunden. Aber abstellen lassen sie sich trotzdem nicht.

3) Sie sollten zupacken können.

Schwere und schmutzige Arbeit

Zum einen müssen die Tiere selbst gepflegt und behandelt werden; zum anderen muss ihr Lebensraum in Ordnung gehalten werden. Beides kann schmutzige und körperlich schwere Arbeit sein.

4) Sie sollten Wind, Wetter und unregelmäßige Arbeitszeiten aushalten können.

Arbeit im Freien und nach Notwendigkeit

Je nach Tierart wird viel im Freien gearbeitet – und das nicht nur bei Sonnenschein. Die Arbeitszeiten richten sich ebenfalls nach den Bedürfnissen der Tiere. Die fressen auch an Feiertagen.

Grüner Daumen

Die beiden letzten Punkte gelten auch für die Arbeit mit Pflanzen: Man muss körperlich ran, macht sich die Hände schmutzig und folgt dem Wetter. Man sollte ein waches Auge haben für Pflanzen, damit man auch kleine und langsame Veränderungen wahrnimmt. Was hilft, ist der grüne Daumen.

Einsatzbereiche

Nutzen und Vergnügen

Tiere und Pflanzen nutzen dem Menschen auf vielfältige Weise: Sie dienen der Ernährung, der Forschung, der Energiegewinnung, dem Vergnügen und dem ökologischen Gleichgewicht. Entsprechend breit gefächert sind die Einsatzbereiche. Sie können als Landwirt Nutztiere halten, als Biologe Tiere erforschen, als Jäger den Wildbestand regulieren oder als Tierarzt Haustiere behandeln. Sie können als Winzer Weinberge bestellen, als Forstwirt den Waldbestand pflegen oder als Florist Blumenarrangements stecken. Und Sie können noch vieles mehr.

Ausbildungsberufe

Die folgende Auswahl zeigt erst Tierberufe, dann Berufe mit Tieren *und* Pflanzen und schließlich Berufe mit Pflanzen.

■ Tierpfleger

Haus-, Versuchs- und Zootiere

Tierpfleger hegen, pflegen und beobachten die Tiere in ihrer Obhut. Das sind – je nach Fachrichtung – Haustiere in Tierheimen und Tierpensionen, Versuchstiere in Forschungseinrichtungen oder Zootiere. Diese Tiere sind zum Teil großem Stress ausgesetzt und deshalb im Umgang nicht einfach. Tierpfleger erlernen ihren Beruf in einer dreijährigen dualen Ausbildung; im dritten Jahr erfolgt die Spezialisierung in der gewählten Fachrichtung.

■ Tiermedizinischer Fachangestellter

Tierarzthelfer

Tiermedizinische Fachangestellte assistieren Tierärzten. Bei denen absolvieren sie auch ihre dreijährige Ausbildung.

■ Tierwirt

Nutztiere

Tierwirte halten Tiere mit dem Ziel, die Tiere selbst oder ihre Erzeugnisse gewinnbringend zu verkaufen. Dabei steht die Wirtschaftlichkeit an der ersten Stelle, nicht unbedingt das Tierwohl. Das heißt übersetzt: Tierwirte arbeiten zumeist in der Massentierhaltung. Sie spezialisieren sich in einer von fünf Fachrichtungen: Bienen, Geflügel, Rinder, Schafe oder Schweine. Falls Sie in der Aufzählung die Pferde vermissen: Pferdewirt ist ein eigenständiger Ausbildungsberuf. Die Ausbildung zum Tierwirt dauert drei Jahre; die Spezialisierung in der gewählten Fachrichtung erfolgt im dritten Jahr.

■ Revierjäger

Wild und Wald

Revierjäger pflegen den Wildbestand in ihrem Revier. Die Jagd ist nur ein Teil ihrer Arbeit; sie gestalten den Lebensraum der Tiere, führen Maßnahmen zum Tier- und Naturschutz durch und betreiben Öffentlichkeitsarbeit. Sie erlernen ihren Beruf in einer dreijährigen dualen Ausbildung und arbeiten hauptsächlich in staatlichen, kommunalen oder privaten Forstbetrieben.

Nutztiere und Nutzpflanzen

■ Landwirt

Landwirte erzeugen und vermarkten tierische und pflanzliche Produkte. In diesem Sinne halten sie zum Beispiel Rinder oder Schweine, oder sie betreiben Obst- oder Ackerbau. Dabei stehen sie aber nur mit einem Bein im Stall oder auf dem Acker; mit dem anderen Bein stehen sie auf dem Markt. Sie handeln betriebswirtschaftlich. Landwirte lernen drei Jahre lang in einer dualen Ausbildung; viele bewirtschaften ihren eigenen Betrieb.

Wald

■ Forstwirt

Forstwirte pflegen den Wald. Sie gewinnen Saatgut, ziehen Bäumchen heran, forsten Flächen auf, bearbeiten den Boden, bekämpfen Schädlinge, ernten Holz und erhalten die Waldwege. Das alles lernen sie in einer dreijährigen dualen Ausbildung. Sie arbeiten hauptsächlich bei kommunalen Forstbetrieben.

Pflanzen aller Art

■ Gärtner

Gärtner hegen und pflegen Pflanzen aller Art, und das zu unterschiedlichen Zwecken. Sie wählen eine von sieben Fachrichtungen: Baumschule, Friedhofsgärtnerei, Garten- und Landschaftsbau, Gemüsebau, Obstbau, Staudengärtnerei oder Zierpflanzenbau. Ihre Ausbildung dauert drei Jahre; die Spezialisierung in der gewählten Fachrichtung erfolgt im dritten Jahr.

Blumen

■ Florist

Floristen gestalten Pflanzenschmuck: Sie binden Sträuße, Kränze und Gestecke. Sie versorgen ihre Pflanzen und beraten Kunden. Sie absolvieren eine dreijährige duale Ausbildung im Handel und arbeiten hauptsächlich in Blumengeschäften und Gärtnereien.

Reben

■ Winzer

Winzer machen Wein. Das geht von der Bearbeitung des Weinbergs bis hin zur Verkostung der Weine. Landwirtschaft ist also nur ein Teil der Arbeit; es kommt noch einiges an Labor und Marketing hinzu. Die meisten Winzer arbeiten in ihrem eigenen Betrieb und sind auch mit dem Weinbau groß geworden. Sie erlernen ihren Beruf in einer dreijährigen dualen Ausbildung.

Studienberufe

Die Studienberufe, die sich mit Tieren und Pflanzen beschäftigen, haben naturwissenschaftliche und technische Inhalte. Sie fragen immer, warum etwas so ist und wie es verbessert werden kann. Denken Sie zum Beispiel an die folgenden Berufe:

- Tierarzt

Tiere heilen, Fleisch beschauen

Wer Tierarzt werden will, *muss* Tiermedizin studieren und ein Staatsexamen ablegen. Der Grund dafür ist, dass es indirekt um die Volksgesundheit geht. Tierärzte arbeiten nämlich nicht nur in freier Praxis, sondern auch in der pharmazeutischen Industrie und im amtstierärztlichen Dienst, etwa in der Schlachttieruntersuchung und der Tierseuchenbekämpfung.

- Agrarwissenschaftliche Berufe

Landwirtschaft steuern

Agrarwissenschaftliche Berufe sorgen dafür, dass die Landwirtschaft weiterentwickelt, effizient verwaltet und wirtschaftlich optimiert wird. Entsprechend haben sie naturwissenschaftliche, technische oder wirtschaftliche Inhalte. Sie werden bei landwirtschaftlichen Verbänden gebraucht, in den Forschungsabteilungen großer Unternehmen, im öffentlichen Dienst und auch in landwirtschaftlichen Großbetrieben. Schauen Sie auf www.studienwahl.de in das Studienfeld »Agrar- und Forstwissenschaften« und besuchen Sie das Portal www.bildungsserveragrar.de.

- Studienberufe im Umweltschutz

Ökologisches Handeln fördern

Gehen Sie von Pflanzen über nachwachsende Rohstoffe und erneuerbare Energien, dann landen Sie unversehens beim Umweltschutz. Das ist ein wachsendes Studien- und Berufsfeld, das allerdings nicht ganz klar abzugrenzen ist. Es überschneidet sich mit den Natur- und Ingenieurwissenschaften. Sehen Sie sich auf www.studienwahl.de im Studienfeld »Mathematik, Naturwissenschaften« um, zum Beispiel in der Biologie. Bei mehr technischem Interesse gehen Sie im Studienfeld »Ingenieurwissenschaften« in die Rubrik »Umweltschutz, Ökologie, Entsorgung«.

Tipp

Weitere Berufe mit Tieren und Pflanzen finden Sie in www.berufenet.arbeitsagentur.de im Berufsfeld »Landwirtschaft, Natur, Umwelt«.

Zur Ernährung beitragen

Aufgabe

Bevor Sie anfangen zu lesen, schreiben Sie bitte sieben Berufe auf, die Ihnen spontan zu Essen und Trinken einfallen:

1) ______________________

2) ______________________

3) ______________________

4) ______________________

5) ______________________

6) ______________________

7) ______________________

Im Fokus der Arbeit

Speisen und Getränke

In den Berufen rund um die Ernährung geht es um alles, was Menschen essen und trinken. Entsprechend groß ist die Verantwortung. Sie haben selbst schon durch etliche Skandale mitgekriegt, was geschieht, wenn diese Verantwortung *nicht* wahrgenommen wird.

Persönliche Voraussetzungen

Nahrungs- und Genussmittel zu schätzen wissen

Wer beruflich mit Essen und Trinken zu tun haben will, sollte beides zu schätzen wissen. Es dient eben nicht nur der Kalorienaufnahme, sondern soll gut sein für Leib, Sinne und Seele. Auf jeden Fall verdient es einen achtsamen Umgang. Das sollte man im Kopf haben.

Körperlich fit sein

Der Körper muss ebenfalls mitziehen. Insbesondere die Ausbildungsberufe bringen Bedingungen mit sich, die stark belastend sein können: zum Beispiel Staub in der Backstube, Hitze in der Küche, Kälte im Kühlhaus, Lärm beim Mühlenbetrieb, späte Arbeitszeiten in der Gastronomie oder schwere Lasten zum Heben. Man muss gut zupacken können und bei allem, was anfällt, größte Sorgfalt walten lassen.

Einsatzbereiche

Von den Zutaten zum Teller

Denken Sie an den langen Weg von den einzelnen Zutaten bis hin zum fertigen Gericht auf dem Teller oder zum schäumenden Bier im Glas. Dann sehen Sie die Vielfalt des Berufsfeldes. Es umfasst die Herstellung, Zubereitung und das Servieren von Speisen und Getränken. Die Berufe sind im Handwerk angesiedelt, in Industrie und Handel, im Gastgewerbe und in der Hauswirtschaft.

Ausbildungsberufe

Zu den Ausbildungsberufen in diesem Bereich gehören die allseits bekannten, die Sie wahrscheinlich auch auf Ihrer Liste stehen haben: Bäcker, Konditor, Koch und Fleischer. Doch es gibt noch viel mehr von der Sorte. Sehen Sie sich auch einmal weniger bekannte Berufe an, alle mit betrieblicher Ausbildung.

- Brauer und Mälzer

Bier brauen

Brauer nennen sich offiziell Brauer und Mälzer, und sie machen Bier. Dazu reicht es nicht, dass man gerne eins hebt; man braucht Interesse an Biologie, Chemie und Mathe und vor allem technisches Verständnis. Brauer arbeiten in großen und kleinen Brauereien und sind überall auf der Welt gefragt. Ihre Ausbildung dauert drei Jahre.

Süßigkeiten herstellen

■ Fachkraft für Süßwarentechnik
Fachkräfte für Süßwarentechnik stellen in großem Stil Leckereien her, und zwar in den Fachrichtungen Dauerbackwaren, Konfekt, Schokolade oder Zuckerwaren. Sie arbeiten in Betrieben mit automatisierter Produktion. Dort bedienen, überwachen und warten sie die Maschinen. Sie entnehmen Proben fürs Labor und prüfen auch selbst die Qualität ihrer Produkte. Ihre Ausbildung dauert drei Jahre; die Spezialisierung in der gewählten Fachrichtung erfolgt im dritten Jahr.

Ein Konzept vertreten

■ Fachmann für Systemgastronomie
Systemgastronomie, das sind die Ketten, die mit einem einheitlichen Konzept arbeiten und standardisierte Speisen und Getränke abgeben. Die Fachleute für Systemgastronomie sorgen dafür, dass das Konzept in allen Punkten eingehalten wird: vom Einkauf über die Zubereitung der Speisen bis hin zur Betreuung der Kunden und zum Marketing. Sie sind Manager und Gastgeber in einem. Darauf werden sie in einer dreijährigen Ausbildung vorbereitet.

Einen Haushalt führen

■ Hauswirtschafter
Hauswirtschafter managen große Haushalte, zum Beispiel in Heimen, Krankenhäusern und Jugendherbergen, aber auch bei Privatpersonen. Sie sind zuständig für Ordnung und Sauberkeit, für die Wäsche, fürs Einkaufen und die Vorratshaltung, fürs Kochen und Servieren.
Hauswirtschafter kümmern sich außerdem um die Mitglieder des Haushalts, um Kinder, kranke Menschen oder auch Haustiere. Sie brauchen Organisationstalent, Handgeschick und Einfühlungsvermögen und müssen rechnen können. Hauswirtschafter erlernen ihren Beruf in einer dreijährigen Ausbildung.

Molkereiprodukte herstellen

■ Milchtechnologe
Milchtechnologen verarbeiten Rohmilch zu Produkten wie Butter, Quark, Joghurt oder Käse. Dazu bedienen und überwachen sie die Anlagen, sie kontrollieren die Qualität der Produkte und achten strengstens auf alle Hygienevorschriften. Sie müssen dauerhaft aufmerksam sein, sich geschickt anstellen und technisches und rechnerisches Verständnis haben. Ihre Ausbildung dauert drei Jahre.

Getreideprodukte herstellen

■ Müller

Müller haben in ihrer Berufsbezeichnung den Zusatz »Verfahrenstechnologe in der Mühlen- und Futtermittelwirtschaft«. Damit wird deutlich, dass ihre Arbeit stark von maschinellen Abläufen geprägt ist. Müller nehmen Rohstofflieferungen an, richten die Maschinen zur Verarbeitung ein und überwachen den Produktionsprozess. Sie führen Qualitätskontrollen durch und lagern und verpacken das Mahlgut. Sie brauchen Umsicht, Geschick und technischen Sachverstand. Ihre Ausbildung dauert drei Jahre.

Eis machen

■ Speiseeishersteller

Speiseeishersteller kreieren Eisspezialitäten, und zwar nach allen Regeln der Kunst. Die erlernen sie in einer zweijährigen dualen Ausbildung. Sie arbeiten hauptsächlich in Eisdielen oder Konditoreien.

Studienberufe

Die Studienberufe rund um die Ernährung fragen nach den Grundlagen und größeren Zusammenhängen.

Inhaltsstoffe analysieren

■ Lebensmittelchemiker

Lebensmittelchemiker untersuchen die Zusammensetzung und Wirkung von Lebensmitteln. Sie werden zum Beispiel zur Qualitätskontrolle gebraucht, im Verbraucherschutz und bei der Entwicklung neuer Produkte.

Lebensmittel entwickeln

■ Ingenieur für Lebensmitteltechnologie

Ingenieure für Lebensmitteltechnologie bringen naturwissenschaftliches und technisches Wissen zusammen, um Lebensmittel, Inhaltsstoffe und Herstellungsverfahren zu entwickeln oder zu verbessern. Wegen ihres breit gefächerten Wissens sind auch die Beschäftigungsmöglichkeiten vielfältig: Die Ingenieure arbeiten in der Lebensmittelindustrie, im Maschinenbau, in der chemischen Industrie, in wissenschaftlichen Instituten und bei Behörden.

Ernährung inhaltlich und wirtschaftlich sehen

■ Ökotrophologe

Ökotrophologen sind halb Ernährungswissenschaftler, halb Haushaltswissenschaftler. Sie verbinden den Blick auf gesunde Ernährung mit wirtschaftlichen und technischen

Fragen. Mit dieser Kombination sind sie in der Gemeinschaftsverpflegung gefragt, aber auch in der Ernährungsberatung und Lebensmittelindustrie.

Tipp

Wenn die oben beschriebenen Berufe Ihren Appetit angeregt haben, dann sehen Sie sich in www.berufenet.arbeitsagentur.de verwandte Berufe an, und zwar im Berufsfeld »Produktion, Fertigung« in der Rubrik »Berufe mit Lebensmitteln«. Berufe in der Gastronomie und im Haushalt finden Sie im Berufsfeld »Dienstleistung«.

Die schönen Dinge fördern

Aufgabe

Bevor Sie anfangen zu lesen, überlegen Sie sich bitte sieben Berufe in Kunst und Kultur:

1) ______________________________

2) ______________________________

3) ______________________________

4) ______________________________

5) ______________________________

6) ______________________________

7) ______________________________

Im Fokus der Arbeit

Schöpferisches Denken und Gestalten

Im Mittelpunkt der Arbeit steht der Drang, die Welt um etwas Schönes zu bereichern. Das kann ein Schmuckstück sein, ein Tanz oder auch eine philosophische Erkenntnis. Teils sind die Ergebnisse mit einem Nutzwert verbunden, teils existieren sie nur um ihrer selbst willen.

Persönliche Voraussetzungen

Wer mit Kunst und Kultur sein Brot verdienen will, sollte seine Voraussetzungen prüfen:

- Besondere Begabung

Das gewisse Extra

An Kunst und Kultur interessiert sind viele; und von eben diesen vielen sollten Sie sich unterscheiden. Sie sollten eine außergewöhnliche Begabung mitbringen und diese auch entsprechend gepflegt haben.

- Kreativer Drang

Verlangen nach mehr

Stellen Sie sich einen Modedesigner vor, der acht Stunden am Tag Mode macht und ansonsten mit Mode nichts am Hut hat. Geht nicht. Ein Modedesigner ist verrückt nach Mode – und muss es sein. Solche Besessenheit brauchen Sie, um kontinuierlich an sich und Ihren Fähigkeiten zu arbeiten.

- Gesunder Pragmatismus

Marktwert

Auch kreative Menschen müssen essen und ihre Miete bezahlen. Deshalb brauchen sie bei aller Feinsinnigkeit immer auch eine gute Portion Pragmatismus, der ihnen hilft, ihre Kunst und ihre Ideen zu Markte zu tragen.

Einsatzbereiche

Unterschiedliche Nachfrage

Kunst und Kultur zählen nicht zu den Grundbedürfnissen, und deshalb werden sie nicht an erster Stelle finanziert. Was der Nachfrage hilft, ist die Verbindung mit einem Nutzwert. Kunsthandwerkliche Berufe sind überall angesiedelt; Kultureinrichtungen dagegen sind mehr auf den städtischen Raum konzentriert. Viele künstlerische Berufe werden frei ausgeübt.

Kunsthandwerk und Restaurierung

Handwerk als Grundstock

Im Kunsthandwerk kann jeder mit seinem liebsten Material arbeiten: zum Beispiel als Glasbläser, Holzbildhauer, Keramiker, Metallbildner oder Steinmetz und Steinbildhauer. Das alles sind Berufe mit einer dreijährigen dualen Ausbildung.
Für die Restaurierung können Sie sich aus einem Handwerksberuf heraus weiterbilden. Zum Beispiel: Sie erlernen einen Beruf im Holz verarbeitenden Handwerk und machen dann – nachdem Sie eine Eignungsprüfung bestanden haben – eine Weiterbildung zum Restaurator für Möbel und Holzobjekte. Abgesehen davon gibt es Restaurierung auch als Studienfach.

Malerei und Bildhauerei

Kunsthochschulen

Zunächst sollten Sie sich überlegen, ob Sie Kunst pur wollen oder ob Sie die Kunst mit einer anderen Aufgabe verbinden, etwa mit dem Unterrichten oder dem Therapieren. Das wäre dann Kunsterziehung oder Kunsttherapie.
Kunst pur würden Sie am ehesten an einer Kunsthochschule studieren. Ein solches Studium unterscheidet sich in mehrfacher Hinsicht von anderen Studiengängen: Es gibt nur wenige Studierende, und die stehen in engem Austausch mit den Lehrenden. Schwerpunkt ihres Studiums ist die eigene künstlerische Arbeit. Die Auswahl der Studierenden erfolgt nach künstlerischer Begabung, sodass auch Bewerber ohne Hochschulreife zugelassen werden können. Bildende Künstler arbeiten überwiegend freiberuflich.

Schmuck und Design

Viele Wege nach Rom

Wenn Sie Schmuck herstellen möchten, könnten Sie zum Beispiel in einer dreieinhalbjährigen dualen Ausbildung den Beruf des Goldschmieds erlernen. Genauso gut könnten Sie in einer schulischen Ausbildung Designer für angewandte Formgebung, Schmuck und Gerät werden. Oder Sie studieren Schmuckdesign. Die Designerausbildung an Berufsfachschulen gibt es übrigens für viele weitere

Fächer: Fotografie, Produkt-, Grafik- oder Kommunikationsdesign, Medien und Mode. Alternativ können Sie all diese Fächer an einer (Fach-)Hochschule studieren.

Theater, Film und Fernsehen

Vor und hinter den Kulissen

Die größte Attraktion hat wahrscheinlich das Schauspielen. Das können Sie an einer Berufsfachschule lernen oder an einer Hochschule studieren. Schauspieler arbeiten oft frei und müssen sich, wenn sie nicht gerade zu den Prominenten gehören, von einem Engagement zum anderen hangeln. Das kann mit einiger finanzieller Unsicherheit verbunden sein.
Damit Schauspieler ordentlich in Szene gesetzt werden, ist im Hintergrund ein ganzer Stab beschäftigt. Der umfasst zum Beispiel technische Berufe wie Kameraleute und Toningenieure und künstlerische Berufe wie Bühnenmaler und Maskenbildner. Chef der gesamten Produktion ist der Regisseur. Das Fach Regie können Sie an Filmhochschulen studieren.

Tipp

Wenn Sie einen Zug verspüren in Richtung Film und Fernsehen, dann besuchen Sie auf jeden Fall das Portal www.aim-mia.de. Hier können Sie sich unter anderem Medienberufe von A bis Z aufzeigen lassen.

Musik und Tanz

Vom Instrumentenbau bis zur Bühne

Wenn Sie Musik im Beruf haben möchten, bleibt immer noch zu entscheiden, wie hoch der musikalische Anteil sein soll und womit Sie ihn kombinieren. Sie könnten zum Beispiel Musikinstrumente bauen. Dann hätten Sie einen handwerklichen Beruf mit musikalischem Einschlag. Sie könnten Musiklehrer werden und hätten dann neben der Musik pädagogische Aufgaben. Und schließlich könnten Sie selbst Musiker werden, etwa Kirchenmusiker oder

Chorsänger. Das Studienangebot Musik ist breit gefächert, und es stehen auch einige schulische Ausbildungen zur Verfügung.
Beim Tanz verhält es sich ähnlich wie bei der Musik: Als Tanzpädagoge könnten Sie Tanz unterrichten, als Tanztherapeut könnten Sie Tanz zu therapeutischen Zwecken einsetzen, als Tänzer schließlich könnten Sie selbst auf der Bühne stehen. Tanz gibt es als Hochschulstudium und als schulische Ausbildung.

Geisteswissenschaften

Schöne Gedanken

Vielleicht haben Sie ein Studienfach im Kopf, das Sie brennend interessiert, ohne dass Sie ihm jedoch ein Berufsbild zuordnen können. Nehmen Sie als Beispiel die Philosophie. Es wird Sie kaum jemand als Philosoph anstellen. Aber das muss ja auch nicht sein. Es reicht, wenn jemand für Ihre philosophische Bildung Verwendung findet. Dazu können Sie Ihren Teil beitragen, indem Sie etwa die Philosophie mit einem mehr berufsbezogenen Fach kombinieren oder schon während des Studiums Praktika absolvieren. Es liegt mit an Ihnen, wie alltags- und berufstauglich Ihr Fach ausfällt. Fazit: Sie brauchen sich exotische Wunschfächer nicht von vornherein abzuschminken; überlegen Sie stattdessen, wie Sie ihnen einen praktischen Dreh geben können.

Tipp

Wenn Sie aus den schönen Dingen des Lebens einen Beruf machen wollen, schauen Sie in www.berufenet.arbeitsagentur.de ins Berufsfeld »Kunst, Kultur, Gestaltung«, außerdem in die »Medien«.

Entscheidungshilfen nutzen

Worum es in diesem Kapitel geht

Dieses Kapitel zeigt Ihnen, mit welchen Mitteln Sie Ihre Berufswahl unterstützen können. Das sind einerseits speziell für die Berufswahl eingerichtete Angebote; andererseits ist es viel Alltägliches, was sich genau vor Ihrer Nase abspielt. Sie können dem Kapitel bequem in sechs Schritten folgen. So sehen sie aus:

Filter, Checks und Gegenchecks

1) Voreinstellungen
Die Hilfen sind da; Sie brauchen sie nur zu nutzen. Das geht am effektivsten, wenn Sie zwei Grundeinstellungen vornehmen. Erstens machen Sie die Berufswahl zum Filter; zweitens arbeiten Sie mit Checks und Gegenchecks.

Zeitungen, Zeitschriften, Bücher

2) Lesen
Lesen hilft. Wenn Sie bislang nicht so viel gelesen haben, werden Sie sich wundern, was Sie sich alles zusammenlesen können. Lesen Sie ein paar Tipps dazu, was wo zu finden ist und wann und wie sie es einsetzen können.

Berufsinformationen, Firmenauftritte, Foren

3) Surfen
Im Internet sind Berufe und Berufswahl bestens aufbereitet. Sie können sich Videoclips ansehen, interaktiv arbeiten und nach Belieben hin und her springen. Oder Sie besuchen die Websites von Firmen und sehen, wie die sich und ihre Ausbildungsangebote darstellen. In Foren können Sie sich austauschen oder einfach nur mitlesen.

Gespräche mit Eltern, Freunden, Leuten vom Fach

4) Reden
Reden wirkt manchmal so beiläufig, dass man seine tatsächliche Leistung gar nicht erkennt. Die ist aber gerade für die Berufswahl beträchtlich. Sie sollten sich mit verschiedenen Menschen unterhalten, und Sie sollten auch wissen, wie Gespräche funktionieren und zu bewerten sind.

Tests, Workshops, Infoveranstaltungen

5) Mitmachen
Mitmachen können Sie bei den Angeboten, die alle möglichen Stellen für Sie bereit halten, zum Beispiel die

Arbeitsagentur, Industrie- und Handelskammern, Handwerkskammern, Hochschulen und nicht zuletzt kommerzielle Anbieter. Machen Sie sich ein Bild von diesen Angeboten, damit Sie aussuchen und die Ergebnisse einschätzen können.

Boys' Day, Girls' Day, My Day

6) Ausprobieren
Zum Ausprobieren gibt es spezielle Angebote, aber Sie können immer auch von sich aus etwas organisieren. Haben Sie daran schon einmal gedacht? Wenn nicht, dann holen Sie sich ein paar Anregungen.

Voreinstellungen

Clever programmieren

Zwei kleine Voreinstellungen reichen, um Ihnen die Entscheidung zu erleichtern. Sie sorgen dafür, dass Sie erstens Hinweise überhaupt wahrnehmen und zweitens zu ausgewogenen Ergebnissen kommen.

Berufswahl als Filter

Anders sehen lernen

Vielleicht haben Sie es schon einmal erlebt: Man kann so sehr mit einer Sache beschäftigt sein, dass man sie plötzlich überall sieht. Das kann richtig nerven; andererseits kann man den Mechanismus auch gezielt einsetzen. Das können Sie jetzt für die Berufswahl nutzen. Holen Sie das Thema aus dem Nebensächlichen heraus und platzieren Sie es im Zentrum. Als zentrales Thema wird es automatisch zum Filter, und damit sehen Sie anders.

Von Kopf bis Fuß auf Berufswahl eingestellt

Sobald Sie auf Berufswahl eingestellt sind, sehen Sie Berufe. Wenn Sie morgens mit dem Bus zu Schule fahren, nehmen Sie den Berufskraftfahrer wahr. Der sitzt den ganzen Tag am Steuer, muss sich nach außen auf den Verkehr konzentrieren und nach innen auf die Fahrgäste aufpassen. Sie fragen sich, wann und wo er Pause macht und wie er wohl bezahlt ist. In der Schule nehmen Sie die Lehrer als Berufstätige wahr.

Filter für das Lehramt
Selbstverständlich verfolgen Sie im Unterricht den Stoff; aber Sie können auch einmal den Beruf des Lehrers betrachten. Wie sieht dessen Schulalltag aus? Wie viel Vorbereitung steckt in den Stunden? Wie viel persönliches Engagement bringt er mit? Welche Qualitäten braucht er, um seine Sache gut zu machen? Können Sie sich einen Rollentausch vorstellen?

Nach der Schule essen Sie Pommes, und die bekommen Sie von einer Fachkraft im Gastgewerbe in der Systemgastronomie serviert. Die trägt eine Betriebsuniform, ist den ganzen Tag auf den Beinen und hat immer den Essensgeruch in Nase, Haut und Haaren. Vielleicht kann sie aber auch irgendwann die Filiale leiten – ohne Hütchen auf dem Kopf.
Auf dem Heimweg holen Sie noch Haargel in einem Drogeriemarkt. Neben Ihnen räumt eine Drogistin Waren ins Regal, und Sie fragen sich, was die wohl sonst noch so macht. Zu Hause beim Abendessen ist ihr Vater gereizt, weil er Ärger bei der Arbeit hatte. Er erzählt nicht viel von seinem Beruf, aber Sie könnten ja mal fragen ...

Hellhörig und aufmerksam

So also funktioniert das: Mit dem Gedanken an die Berufswahl im Hinterkopf sind Sie hellhörig für Berufe. Sie beobachten aufmerksam, was andere beruflich machen und welche Leistungen sie unter welchen Bedingungen erbringen. Diese Beobachtungen nutzen Sie, um Ihre eigenen Vorstellungen zu entwickeln.

Kritisches Hinterfragen

Mit Vorsicht genießen

Im Zuge der Berufswahl können Sie sich zwei Prinzipien zu eigen machen, die auch sonst im Leben ganz nützlich sind: Sie nehmen Informationen mit einem Körnchen Salz, und Sie schauen immer auch auf die andere Seite.
Sie werden unterwegs Ratschläge und Empfehlungen bekommen, die ziemlich bestimmt sagen, welchen Weg Sie einschlagen sollen und welchen nicht. Nehmen Sie die zur Kenntnis – aber verlassen Sie sich nicht darauf.

Besserwisser
Stellen Sie sich eine junge Frau vor, die auf den Beruf der Bestattungsfachkraft aufmerksam geworden ist. Sie erzählt ihren Eltern davon, und deren Reaktion ist eindeutig. »Ach«, sagt ihr Vater, »das ist doch nichts für eine junge Frau. Dann kriegst du im Leben keinen Mann.« – »Und wahrscheinlich würdest du depressiv«, ergänzt die Mutter, »denn du hättest ja nur noch mit Toten zu tun.«

Die Eltern im Beispiel sind überzeugt, dass sie aufgrund ihrer Lebenserfahrung den Beruf der Bestattungsfachkraft richtig einschätzen. So richtig wissen tun sie allerdings nichts. Die Tochter kann die Einschätzung ihrer Eltern übernehmen – und den Beruf vergessen. Ende Gelände!
Die Tochter kann aber auch hören, was anderswo über den Beruf gesagt wird. Sie sollte konkrete Berufsinformationen einholen, vielleicht ein Beratungsgespräch führen oder sogar ein paar Schnuppertage in einem Betrieb einlegen. Dann kann sie sich aus allem zusammen ein ausgewogenes Bild machen. Und genau so sollten Sie auch vorgehen: Geben Sie sich nie mit nur einer Quelle zufrieden; zapfen Sie immer mehrere Quellen an. Sonst kann Ihnen ja jeder alles erzählen.

Richtig gewichten

Jede Quelle gibt etwas Verwertbares her – die eine mehr, die andere weniger. Auch an dem, was die Eltern im Beispiel sagen, ist etwas Wahres dran: Der Beruf der Bestattungsfachkraft wirkt auf viele Menschen zunächst einmal abschreckend; und natürlich hat der Tod etwas Trauriges an sich. Das sollte die junge Frau unbedingt mit berücksichtigen.
Der Rest jedoch ist übertrieben, und das kann die Frau ignorieren. Auch das empfiehlt sich zur Nachahmung: Fällen Sie keine Pauschalurteile, nach denen etwas *nur* gut oder *nur* schlecht ist. Ziehen Sie aus jeder Quelle das Zutreffende heraus und arbeiten Sie damit weiter.

Kontrolle ist besser

Das Heranziehen mehrerer Quellen ist kein Misstrauen, für das Sie sich schämen müssten. Es ist der Versuch, einen Gegenstand möglichst umfassend zu begreifen. So erlangt man Objektivität, und die schützt vor schädlicher Einseitigkeit. Wenn Sie studieren, werden Sie Objektivität beim wissenschaftlichen Arbeiten üben. Wenn Sie später im Leben Führungsaufgaben übernehmen, hilft Ihnen Objektivität, für Gerechtigkeit und Betriebsfrieden zu sorgen.

Lesen

Die Dosis erhöhen

Sie sind ja gerade beim Lesen, also ist es Ihnen nicht völlig fremd. Aber vielleicht können Sie Ihre Lesegewohnheiten noch ausweiten. Sie könnten Zeitung lesen. Sie sollten die Berufswahlmagazine lesen, die eigens für Sie gemacht werden. Und Sie können, wenn Ihre Überlegungen schon ein Stück weiter gediehen sind, sich in ein Fach einlesen, um zu sehen, ob es das ist, was Sie meinen.

Zeitungen

Sich schlaumachen

Haben Sie schon einmal über einen längeren Zeitraum jeden Tag Zeitung gelesen? Dann werden Sie Folgendes festgestellt haben:

- Sie kriegen mit, wie Vorgänge sich entwickeln, und verstehen die Zusammenhänge.
- Namen und Funktionen prägen sich ein, ohne dass Sie es merken. Auf einmal wissen Sie, welcher Minister wofür zuständig ist.
- Sie selbst können leichter Zusammenhänge herstellen. Denn Sie haben schlicht mehr Wissen, das Sie einbringen können.
- Sie können besser mitreden, weil Sie mehr zu sagen haben.

Alles in allem sind Sie durchs Zeitunglesen stärker beteiligt am Geschehen. Das ist gut fürs Selbstbewusstsein und es wird auch von anderen gewürdigt. Personaler zum Beispiel achten auf so etwas. Denn die suchen ja keine Tranfunzeln, sondern helle Köpfe mit einem gesunden Interesse an der Welt.

Tipp

Wenn Sie zu Hause keine Tageszeitung bekommen, können Sie in die Schul- oder Ortsbibliothek gehen und dort Zeitung lesen. Oder Sie testen das Zeitunglesen zu Hause mit einem Probeabo. Das wird von vielen Verlagen für einen Zeitraum von 14 Tagen kostenlos angeboten. Wenn Sie dadurch auf den Geschmack kommen, können Sie ein ermäßigtes Schülerabo bestellen. Wenn Ihnen das zu viel Geld kostet, können Sie jemanden fragen, ob er Ihnen abends die Zeitung vom Morgen überlässt. Irgendwie kommen Sie schon an eine gute Zeitung – wenn Sie wollen. Testen Sie's.

Doppelter Nutzen für die Berufswahl

Im Hinblick auf die Berufswahl hat das Zeitunglesen sogar noch weitere Vorteile. Im politischen Teil sehen Sie, wie die Politik gemacht wird, die Sie – teilweise sehr direkt – betrifft. Denken Sie an Bildungs- und Wirtschaftspolitik.

Lokalteil

Im Lokalteil sehen Sie, wie es um die örtlichen Unternehmen bestellt ist. Das ist vor allem dann interessant, wenn Sie gerne in der Nähe eine Ausbildung machen möchten.

Wirtschaftsteil

Im Wirtschaftsteil sehen Sie die Wirtschaft eingebunden in einen größeren Kontext. Das sollten Sie auf jeden Fall lesen, wenn Sie an eine Ausbildung oder ein Studium im Fach Wirtschaft denken.

Beruf & Karriere

An den Wochenenden bieten die meisten Zeitungen einen Sonderteil über Beruf und Karriere sowie Stellenanzeigen. Im Karriereteil finden Sie in bunter Mischung von der Randnotiz bis zur Reportage alles Mögliche über das Berufsleben. Es werden einzelne Branchen vorgestellt, neue Ausbildungsberufe oder bemerkenswerte Karrieren; es werden arbeitsrechtliche Fragen besprochen und Tipps zur Bewältigung des Berufsalltags gegeben. In der Regel gibt es auch einen Terminkalender.

Stellenanzeigen

Stellenanzeigen sind bei der Orientierung nützlich, weil sie eben nicht nur offene Stellen anzeigen, sondern immer auch ein Bild vom Arbeitsmarkt zeichnen. So können Sie sich samstags gemütlich ein Stündchen bilden.

Tipp

Betrachten Sie Lesen immer als Auflesen: Sie lesen Ideen auf. Und wer weiß, was daraus wird? Vielleicht trifft eine dieser Ideen bei Ihnen im Kopf auf genau den richtigen Anschluss, und es wird ein ganzes Feuerwerk daraus. Sie können dem Ideensammeln nachhelfen, indem Sie das, was Sie besonders anspricht, ausschneiden und aufheben. Am besten legen Sie sich ein Heft an. Siehe dazu auch im nächsten Kapitel den Punkt »Sammeln«.

Berufswahlmagazine

»planet-beruf.de« und »ab «

Berufswahlmagazine sind Zeitschriften, die speziell für Sie gemacht werden – und zwar mit unterschiedlichen Zielen. Die Bundesagentur für Arbeit gibt zwei Zeitschriften heraus: »planet-beruf.de« ist für Schüler der Sekundarstufe I, »abi« ist für Absolventen der Sekundarstufe II. Beide Zeitschriften sollen Schülern helfen, auf die richtige Spur zu kommen, damit sie später ihr eigenes Geld verdienen. Mehr über diese Zeitschriften finden Sie unter »Print« im letzten Kapitel.

»audimax« und »Unicum«

Neben diesen Zeitschriften aus der öffentlichen Hand gibt es auch solche von privaten Anbietern. Die sind nicht aus öffentlichen Mitteln finanziert, sondern über Werbung. Die bekanntesten sind »audimax Reifeprüfung« und »Unicum Abi«. Beide richten sich an Schüler vor der Hochschulreife.

Hefte mit spezieller Fachrichtung

Drittens gibt es Zeitschriften, die von Interessenverbänden herausgegeben werden und speziell deren Interessen verfolgen. Wenn etwa Industrie- und Handelskammern ein Heft machen, dann handelt das von Berufen in Industrie und Handel. Wenn die Wirtschaftsinitiative MINT ein Heft macht, handelt das von Berufen, die mit Mathematik, Informatik, Naturwissenschaften und Technik zu tun haben. Worum es einer Zeitschrift geht, das erkennen Sie meistens im Vorwort. Die Macher stehen im Impressum.

Schule und BiZ

Viele dieser Zeitschriften bekommen Sie über Ihre Schule. Sehen Sie hin und wieder, was dort ausliegt. Das größte Sortiment an Zeitschriften – auch länger zurückliegende Nummern – gibt es in den Berufsinformationszentren der Arbeitsagenturen. Schauen Sie mal unter »BiZ« im letzten Kapitel.

Kostenlos versorgen

Alle Zeitschriften, die hier genannt sind, gibt es kostenlos. Sie brauchen sie nur mitzunehmen. Wenn Sie die Hefte erst vor der Nase haben, werden Sie auch darin blättern und lesen. Und irgendetwas wird hängen bleiben.

Einführungen ins Fach

Mit falschen Vorstellungen aufräumen

Einführungen ins Fach sind gut geeignet, um Vorstellungen von einem Beruf zu überprüfen. Gerade unter den Studienberufen sind einige, die stark mit Fehlvorstellungen behaftet sind. Das führt zu Frust im Studium. Bestes Beispiel ist die Psychologie. Viele halten das für die Kunst, anderen zuzuhören und Ratschläge zu erteilen. Diese Kunst ist gewiss nützlich, aber lange nicht alles, was das Fach ausmacht. Es gehören auch naturwissenschaftliche und mathematische Grundlagen dazu. Wenn Sie eine Einführung in die Psychologie lesen, werden Sie das sehr schnell merken.

In Buchhandlungen und Bibliotheken beraten lassen

Einführende Werke gibt es zu jedem Fach. Meistens sind sie am Titel zu erkennen. Er enthält Stichwörter wie »Einführung«, »Grundlagen«, »Basiswissen« oder »Anfänger«. Wenn Sie in Ihrem Fach nichts finden, lassen Sie sich in einer Bibliothek oder Buchhandlung beraten. Bibliotheken sind insofern besser, als Sie dort gleich mehrere

Bücher zum Vergleich ausleihen können. Die brauchen Sie nicht alle von der ersten bis zur letzten Seite zu lesen. Lesen Sie aber zumindest so weit, bis Sie sagen können: »Aha, so ist das!«

Surfen

Berufswahltouren im Netz

Surfen ist ein bisschen wie Lesen – und darüber hinaus noch viel, viel mehr. Das wissen Sie selbst am besten. Aber vielleicht brauchen Sie noch ein paar Tipps dazu, welche Seiten eigens für die Berufswahl eingerichtet sind und wo Sie sonst noch vorbeischauen könnten.

Berufsinformationsportale

Schlüsselwort Arbeitsagentur

Sie brauchen sich nur *ein* Wort zu merken, dann haben Sie den Schlüssel zu allen wichtigen Berufsinformationsportalen. Das Schlüsselwort ist www.arbeitsagentur.de. Damit gelangen Sie direkt zur Jobbörse und über weiterführende Links zu den folgenden Adressen:

- www.berufenet.arbeitsagentur.de
  Das ist die Berufedatenbank der Arbeitsagentur.
- www.berufe.tv/BA
  Das ist das Filmportal der Arbeitsagentur, das einzelne Berufe in Kurzfilmen vorstellt.
- www.kursnet.arbeitsagentur.de
  Das ist die Datenbank der Aus- und Weiterbildungsangebote.
- www.studienwahl.de
  Die Seite informiert umfassend über die Studien- und Berufsplanung.
- www.planet-beruf.de
  Die Seite hilft jüngeren Schülern bei der Orientierung.
- www.abi.de
  Die Seite hilft Abiturienten bei der Orientierung.

Favoriten

Diese und weitere empfehlenswerte Seiten sind im letzten Kapitel unter »Netz« genauer beschrieben. Am besten machen Sie Favoriten daraus.

Firmenseiten

Information und Inspiration

Große Firmen sind ein kleiner Arbeitsmarkt für sich. Sie bilden sehr vielfältig aus, oft auch in besonderen Modellen. Viele bieten Zusatzqualifikationen an und duale Studiengänge. Diese Vielfalt wird natürlich auch im Internet präsentiert, und zwar in der Rubrik »Karriere«. Wenn Sie die Karriere-Rubriken bei verschiedenen Firmen anklicken, können Sie sehr schön Ausbildungsgänge vergleichen. Sie können sich auch einfach inspirieren lassen.

Kleine Betriebe außen vor

Die Sache mit den Firmenseiten hat einen Haken: Nicht alle Betriebe haben eine. Vor allem kleinere Handwerksbetriebe, die überwiegend vor Ort arbeiten und durch Mundpropaganda empfohlen werden, verzichten auf die Präsenz im Internet. Aber sie bilden trotzdem aus.

Foren

Erfahrungsaustausch

Foren dienen dem Erfahrungsaustausch. Nutzer können Fragen stellen und Antworten geben oder einfach nur sehen, was andere umtreibt. Wenn Sie an so etwas Freude haben, können Sie es auch im Zuge der Berufswahl tun. Beachten Sie aber bitte Folgendes:

Nicht allgemeingültig

Die Erfahrungen, die geschildert werden, sind sehr persönlich. Leiten Sie keine Verallgemeinerungen daraus ab. Wenn zum Beispiel ein Koch-Azubi erzählt, wie schrecklich es ihm in der Ausbildung ergeht, heißt das noch lange nicht, dass eine Ausbildung zum Koch grundsätzlich schrecklich ist.

Nicht unbedingt richtig

Die Antworten auf Fragen kommen in der Regel nicht von Fachleuten, sondern von Laien. Die antworten zwar nach bestem Wissen und Gewissen – aber manchmal eben auch falsch. Was Sie in Foren lesen, ist nicht auf seinen Wahrheitsgehalt überprüft, deshalb sollten Sie sich nicht darauf verlassen. Ganz umsonst sind die Infos aber trotzdem nicht, denn Sie können sie ja mitnehmen und an anderer Stelle prüfen.

Reden

Wie es funktioniert

Reden tun Sie den ganzen Tag, es sollte eine einfache Sache sein. Ganz so einfach ist es aber nicht; es hat nämlich mehrere Seiten. Wenn Sie die wahrnehmen, können Sie Ihre Gespräche besser steuern und auswerten.

Mit wem Sie reden

Am besten reden Sie mit unterschiedlichen Gesprächspartnern. Als Erstes bieten sich die Menschen an, die Sie gut kennen. Zweitens ist es hilfreich, sich mit Menschen aus der Praxis zu unterhalten. Drittens können Sie sich professionell beraten lassen. Damit hätten Sie einen guten Mix.

Abc des Redens

Unterschiedliche Funktionen

Beim Reden haben Sie tatsächlich ein A, ein B und ein C. Diese drei Seiten sind in der Kommunikation immer vorhanden. A ist derjenige, der etwas von sich gibt. B ist derjenige, der die Botschaft empfängt. C ist die Sache, um die es geht. A, B und C stehen in einem lebhaften Beziehungsgeflecht. Mal tritt der Sprecher als Person in den Vordergrund, mal wird mehr das Gegenüber umgarnt, ein andermal die sachliche Darstellung betont. Dadurch kann ein und derselbe Sachverhalt ganz unterschiedliche Bedeutungen annehmen. Sehen Sie sich das an Gesprächsbeispielen an.

»Altenpflege hat es in sich«

»Altenpflege hat es in sich«, sagt die Altenpflegerin, die nass geschwitzt von einer Versorgungstour zurückkommt. Sie erzählt, wie sie von einer Pflege zur nächsten hetzt und wie ihr vom Heben der Rücken wehtut.

»Altenpflege hat es in sich«, sagt die Dame am Messestand, die einen Wohlfahrtsverband vertritt. Sie schwärmt davon, wie dankbar alte Menschen sind und wie bereichernd es ist, ihnen zu helfen.

»Altenpflege hat es in sich«, sagt die Berufsberaterin der Arbeitsagentur und zählt auf, was alles zur Ausbildung gehört.

Gefühle ausdrücken

Bei der Altenpflegerin steht der persönliche Ausdruck im Vordergrund. Sie denkt nicht so sehr an ihr Gegenüber, und sie versucht auch gar nicht, sachlich zu sein. Sie will einfach mal loswerden, was sie Tag für Tag leistet.

Werbung machen

Bei der Dame vom Wohlfahrtsverband steht der Appell an die Besucher im Vordergrund. Die möchte sie für die Altenpflege begeistern. Deshalb redet sie auch tunlichst nicht über die Nachteile. Sie macht Werbung für ein Berufsfeld, dem es schon lange an Fachkräften fehlt.

Sachlich darstellen

Bei der Berufsberaterin steht die sachliche Darstellung im Vordergrund. Sie will ihre Kunden möglichst umfassend aufklären. Denn wenn sie wissen, worauf sie sich einlassen, bleiben sie am ehesten bei der Stange.

Sehen, wer wo steht

Jede der drei Damen sagt aus ihrer Position heraus das Richtige. Falsch wäre es nur, alles gleich zu bewerten. Die persönlichen Standpunkte und die zwischenmenschlichen Beziehungen gehören zum Gespräch mit dazu. Denken Sie also – zumindest im Hinterkopf – daran, wer aus welcher Position und mit welchem Ziel zu Ihnen spricht. Das hilft Ihnen, die Aussage einzuordnen.

Gespräche mit Menschen, die Ihnen nahestehen

Eltern, Freunde, Partner

Die Menschen, die Ihnen nahestehen, kennen Sie gut, mögen Sie gern und wollen Ihr Bestes. Das sind drei gute Voraussetzungen für Gespräche. An erster Stelle stehen wahrscheinlich Ihre Eltern. Dann kommen Freunde und vielleicht auch schon ein Partner.

Zusammen denken, allein entscheiden

All diese Menschen haben Sie über lange oder längere Zeit in unterschiedlichen Situationen erlebt. Nun können sie ihre Beobachtungen beisteuern und mitdenken. Das ist durchaus von Vorteil für Sie. Nur eins dürfen Sie darüber nicht vergessen: Die endgültige Entscheidung, die liegt allein bei Ihnen.

Eltern

Verständliches

Ihre Eltern sind seit Tag eins in Ihr Leben verstrickt. Sie haben mit Ihnen gebibbert und gebangt; und jetzt freuen sie sich, weil Sie so weit gekommen sind. Gleichzeitig sind sie besorgt, was nun aus Ihnen wird. Deshalb ist Ihre Berufswahl für Ihre Eltern fast genauso spannend wie für Sie.

Was Eltern wollen

Ihre Eltern wollen, dass Sie es gut haben. Sie sollen einen ansehnlichen Beruf ausüben und gut dastehen in der Welt. Ihre Eltern wollen *auch* – das sprechen sie vielleicht nicht so offen aus – stolz sein auf Sie. Schließlich haben sie sich mit der Erziehung viel Mühe gegeben, und dafür hätten sie gerne ein gutes Zeugnis. Das beste Zeugnis für Eltern sind erfolgreiche Kinder.

Klippen im Gespräch

Der Gedanke an Erfolg kann Berufswahlgespräche zwischen Eltern und Kindern zu einem schwierigen Manöver machen. Denn oft sieht Erfolg für Eltern so und für Kinder ganz anders aus. Und auch sonst führen unterschiedliche Ansichten zu einigen Turbulenzen. Darauf sollten Sie sich einstellen:

1) Eltern unterscheiden nicht immer zwischen ihrem eigenen Glück und dem ihrer Kinder.

Dein Glück, mein Glück

Sind Sie zufällig »ganz der Papa« oder »ganz die Mama«? Das kann ein Kompliment sein, aber es birgt auch Risiken in sich. Es kann nämlich dazu führen, dass Ihre Eltern ihre eigenen Berufswünsche auf Sie übertragen. Stellen Sie sich einen Vater vor, der mit Leib und Seele Rechtsanwalt ist. Der kommt vielleicht gar nicht auf die Idee, dass das Glück seiner Kinder in einem anderen Beruf liegen könnte. Oder stellen Sie sich eine Mutter vor, die gerne Lehrerin geworden wäre, aber der Einfachheit halber etwas anderes gemacht hat. Die hätte nun gerne, dass zumindest die Tochter es schafft.

Gut gemeint, schlecht gedacht

Bei solchen Übertragungen wird deutlich, dass »gut gemeint« etwas anderes ist als »gut gedacht«. Sicherlich meinen Ihre Eltern, etwas Gutes zu tun, wenn sie weitergeben, was sie selbst hoch schätzen. Aber es ist nicht richtig gedacht. Wünsche kann man nicht vererben. Sie müssen von innen kommen. Nur wenn Sie selbst etwas wollen, haben Sie den Antrieb, es auch über schwierige Strecken hinweg umzusetzen.

Was tun?

Hören Sie sich die Wünsche Ihrer Eltern an, aber horchen Sie genauso aufmerksam nach innen, was *Ihre* Wünsche sind. Die geben nämlich den Ausschlag.

2) Eltern tun sich manchmal schwer damit, ihre Kinder ziehen zu lassen.

Selbstversorger

Bis jetzt haben im Großen und Ganzen Ihre Eltern für Sie gesorgt. Das war auch gut so, denn als Kind hatten Sie nicht die nötige Umsicht. Mittlerweile jedoch haben Sie fliegen gelernt und selbst einen guten Ausblick. Also können Sie für sich selbst streiten. Nur Ihre Eltern, die sehen das vielleicht noch nicht so. Sie haben möglicherweise immer noch das Bedürfnis, Ihnen alles Schwere abzunehmen – auch schwere Entscheidungen.

Was tun?

Nehmen Sie Ihren Eltern diese Angst. Sagen und vor allem *zeigen* Sie, dass Sie zurechtkommen. Machen Sie alles, was Sie tun, verständlich und nachvollziehbar. Das beruhigt.

Nicht hilfreich

Eltern, die auf fünf vor Verzweiflung stehen, lassen sich schon mal zu den folgenden Sprüchen hinreißen:

- »Solange du deine Füße unter meinen Tisch stellst, tust du, was ich sage.«

Das mag für vieles gelten, aber nicht für die Wahl der Ausbildung. Eltern sind verpflichtet, ihre Kinder bis zu einem gewissen Alter zu unterstützen. Daraus ergibt sich nicht das Recht, die Art der Ausbildung zu bestimmen.

- »Wir haben alles für dich getan, und das soll der Dank sein?«

Dieser Satz macht die Berufswahl zu einem Akt der Dankbarkeit, und das kann er nicht sein. Man kann nicht sein Leben einem anderen zuliebe gestalten. Das würde auf die Dauer nicht gut gehen.
Beide Sprüche sind verständlich als persönlicher Ausdruck, aber in der Sache nicht hilfreich. Steuern Sie lieber eine sachliche Ebene an.

Am besten so

Am besten fahren Sie im Gespräch mit Ihren Eltern, wenn Sie sagen, was Sie gerne hätten. Mal wird das ein offenes Ohr sein, mal ein Ratschlag, mal eine zweite Meinung, mal eine praktische Hilfe. Versuchen Sie im Gegenzug, Ihre Überlegungen zu vermitteln. Lassen Sie Ihre Eltern am Geschehen teilhaben. Das hat einen großen Vorteil: Wo viele kluge Köpfe denken, da gibt es auch gute Ideen.

Freunde

In einem Boot

Freunde haben den Vorteil, dass sie in einer ähnlichen Situation stecken. Auch sie sind mit der Berufswahl beschäftigt oder jedenfalls nicht weit davon entfernt. Deshalb bietet es sich an, dass Sie darüber sprechen und zusammenarbeiten.

- Sie können sich gegenseitig zuhören.
- Sie können füreinander Ausschau halten.
- Sie können gemeinsam Ideen spinnen.

Das alles hilft schon sehr viel.

Gruppenzwang

Freunde in der gleichen Altersgruppe haben manchmal aber auch einen Nachteil: Sie bauen Gruppenzwang auf. Das funktioniert so: Jeder möchte möglichst cool sein und möglichst vielen anderen gefallen. Also passt er sich an und tut, was alle tun. Alle finden das Gleiche doof, und alle finden das Gleiche cool. So kommt es, dass ganze Truppen in einheitlicher Kleidung herumlaufen. Und so kommt es leider auch, dass Berufswünsche ziemlich einheitlich ausfallen.

Ihr Ding

Berufliches ist viel zu wichtig, um es dem Gruppenzwang zu überlassen. Schließlich geht es um etwas höchst Persönliches. Also achten Sie darauf, wie ungezwungen Sie im Kreise Ihrer Freunde reden können. Sagen Sie tatsächlich, was Sie denken? Oder sagen Sie, was die anderen hören wollen? Wie reagieren die anderen auf abweichende Meinungen?

Wenn Sie merken, dass Sie sich eingeengt fühlen, führen Sie Ihre Berufswahlgespräche lieber mit anderen. Sie brauchen deswegen niemandem die Freundschaft zu kündigen; aber Sie müssen auch nicht auf Biegen und Brechen alles mit jedem besprechen. Machen Sie beruflich Ihr Ding, und unternehmen Sie mit Ihren Freunden etwas anderes.

Partner

Vertrauliches

Partnerschaften sind ein schönes Umfeld zum Reden. Man kann sich sehr viel anvertrauen. Nutzen Sie das, um auch über die Gefühle zu sprechen, die Sie in anderen Gesprächen nicht so preisgeben. Vielleicht sind das Ängste zu versagen oder auch Hoffnungen, die Sie kaum auszusprechen wagen. Gegenüber Ihrem Partner können Sie genau das tun. Damit machen Sie Ihre Gedanken greifbarer.

Gemeinsame oder getrennte Wege?

Allerdings ist die Berufswahl für eine junge Partnerschaft eines der schwierigsten Themen überhaupt. Schließlich kann sie dazu führen, dass Ihre Wege sich trennen. Wie gehen Sie damit um?

Offensichtliches offen ansprechen

Seien Sie offen. Sagen Sie, wie die Dinge liegen. Sie sind jung. Sie sind noch nicht sehr welterfahren. Sie sind noch nicht qualifiziert für den Arbeitsmarkt, und Sie haben noch nie für Ihr eigenes Auskommen gesorgt. Kurz und gut: Sie haben noch einiges zu erledigen, bevor Sie eine selbstständige und reife Persönlichkeit sind. Und das sollte ihr erstes Ziel sein.

Ans Ziel denken

Selbstständigkeit verträgt sich nicht mit Klammeraffekten. Sie sollten sich nicht an Ihren Partner klammern, und Sie sollten es auch nicht zulassen, dass Ihr Partner sich an Sie klammert. Wenn Ihre Gespräche in diese Richtung gehen, dann treten Sie auf die Bremse, erinnern Sie sich an Ihr Ziel und sprechen Sie das auch aus. Erklären Sie, dass Sie zunächst einmal Mühe haben, für sich zu sorgen. Machen Sie eins nach dem anderen und überfordern Sie sich nicht selbst.

Gespräche mit Menschen aus der Berufspraxis

Von den Fakten zur Vorstellung

Es ist relativ leicht, sich über Berufe zu informieren. Die Fakten sind sehr gut aufbereitet. (Wo, das steht weiter vorne.) Doch bei allen Fakten fehlt einem manchmal die

Vorstellung. Man sieht vor lauter Bäumen den Wald nicht. Den Blick in den Wald kriegen Sie, indem Sie sich mit Menschen unterhalten, die im Wunschberuf drinstehen.

Wen Sie fragen können

Nun ist die Frage, wie Sie Vertreter dieser Spezies finden. Bei seltenen Berufen könnte das schwierig sein. Man begegnet nicht jeden Tag einem Astronauten oder einem Biologiemodellmacher. Aber so theoretisch brauchen Sie gar nicht zu denken. Denn in der Praxis werden Berufswünsche ja oft dadurch angestoßen, dass Sie jemanden in dem Beruf kennen. Sprechen Sie diese Person an. Oder Sie kennen jemanden, der jemanden kennt. Dann bitten Sie diesen Bekannten, für Sie einen Kontakt herzustellen. Fragen Sie auch Ihre Eltern, Freunde oder Lehrer. Oder suchen Sie sich ein Praktikum in der betreffenden Branche und lernen Sie Gesprächspartner kennen.

Wie Sie fragen

Erklären Sie Ihren Gesprächspartnern, worum es Ihnen geht, und bitten Sie höflich, ein paar Fragen stellen zu dürfen. Das wird Ihnen niemand abschlagen. Fragen Sie möglichst offen. Was damit gemeint ist, sehen Sie am besten im Vergleich:

Fragetechniken

Geschlossene Fragen	Offene Fragen
Gefällt Ihnen Ihr Beruf?	Was gefällt Ihnen an Ihrem Beruf?
Sitzen Sie die meiste Zeit am Schalter?	Was ist Ihre Haupttätigkeit?
Haben Sie viel Stress?	Welche Situationen empfinden Sie als stressig?
Arbeiten Sie viel im Team?	Welche Rolle spielt die Teamarbeit?

Bei den geschlossenen Fragen links kriegen Sie »Ja« oder »Nein« als Antwort, bei den offenen Fragen kriegen Sie Geschichten erzählt. Und das ist es ja, was Sie wollen.

Benimmregeln

Wenn Ihr Gegenüber Sie etwas fragt, dann antworten Sie bitte genauso bereitwillig. Und noch etwas: Fragen Sie niemals beleidigend. Etwa so: »Es muss ja ziemlich öde sein, den ganzen Tag am Schalter zu sitzen, oder?« Gehen Sie davon aus, dass Ihr Gesprächspartner seinen Beruf mit

Einordnung

gutem Grund gewählt hat. Noch dazu nimmt er sich die Zeit für ein Gespräch mit Ihnen. Beides gehört gewürdigt. Im Gespräch mit Leuten aus dem Beruf kriegen Sie Antworten aus der Praxis heraus. Die enthalten Details, die Sie in dieser Lebhaftigkeit nirgendwo nachlesen könnten. Dadurch werden Ihre Vorstellungen um einiges konkreter. Bedenken Sie aber bitte, dass das, was die Leute erzählen, subjektiv ist. Das heißt: Es ist durch die Brille dieser Menschen gesehen. Dadurch können für Sie Unschärfen entstehen.

Dick aufgetragen

Stellen Sie sich vor, Sie wollen Journalist werden. Sie machen Ihr Praktikum in einem Fernsehstudio. Am ersten Tag nehmen die Journalisten Sie in der Mittagspause mit zum Essen. Bei Fisch und Fleisch reden sie über ihren Beruf: wie sie rund um die Uhr im Einsatz sind, wie sie über alles Bescheid wissen, wie sie von jetzt auf gleich aus nichts ein Thema machen müssen ... Spätestens beim Nachtisch haben Sie den Eindruck, Sie sitzen unter lauter Helden. Sie selbst sind ganz klein geworden und fragen sich, ob Sie wahnsinnig waren, überhaupt an den Beruf zu denken.

Die Journalisten im Beispiel haben etwas dick aufgetragen. Das kommt vor, wenn Menschen sehr von sich eingenommen sind. Vielleicht geraten Sie auch an Menschen, die gerade einen schweren Stand haben im Beruf. Die werden vor allem Schattenseiten beschreiben. Lassen Sie sich von solchen erzählerischen Extremen nicht beeindrucken. Machen Sie links und rechts Abstriche und rücken Sie das Erzählte in die goldene Mitte. Es wird überall nur mit Wasser gekocht.

Tipp

Auf der Berufswahlseite www.beroobi.de können Sie sich Interviews mit jungen Leuten im Beruf ansehen. Dabei erfahren Sie sehr viel über die jeweiligen Berufe, und Sie lernen, wie Sie fragen können.

Professionelle Beratungen

Neutral und sachkundig

Ein professionelles Beratungsgespräch erfüllt eine wichtige Funktion als Gegenpol zu Ihren persönlichen Gesprächen. Denn ein Berater ist Ihnen gegenüber neutral. Deshalb sieht er vielleicht Punkte, die vertraute Menschen bei Ihnen schon gar nicht mehr wahrnehmen. Ein guter Berater hat außerdem fundiertes Fachwissen; Laien dagegen kennen vieles nur ungefähr und vom Hörensagen. Diese Vorzüge einer professionellen Beratung sollten Sie unbedingt in Anspruch nehmen.

Beratungsservice der Arbeitsagentur

Dringend zu empfehlen

Die erste Adresse für Beratungsgespräche ist die Arbeitsagentur. Für sie sprechen einige gute Gründe:

- Die Berater in der Arbeitsagentur sind für ihre Aufgabe qualifiziert.
- Sie kennen sich aus mit Berufen und Ausbildungsgängen, auch mit den nicht so gängigen.
- Sie beraten über das gesamte Berufsspektrum, nicht bloß über eine Sparte.
- Sie wissen über die Formalitäten Bescheid, so etwa über Fristen, Förderungsmöglichkeiten und Zuständigkeiten.
- Die Beratung ist kostenlos.

Vor- und Nachbereitung

Ein Beratungsgespräch dauert etwa eine Stunde. Um diese Zeit so gut wie möglich auszuschöpfen, sollten Sie sich darauf vorbereiten. Am besten machen Sie sich Notizen zu Ihren Fähigkeiten und Interessen, Wünschen und Fragen. Darauf sollte Ihr Berater nämlich eingehen. Wenn er das nicht tut, haken Sie nach. Bringen Sie so viel wie möglich von sich ein. Schließlich kann der Berater nur das berücksichtigen, was er von Ihnen weiß. Am Ende wird er Ihnen vielleicht Tipps geben, wo Sie noch etwas zulegen könnten oder was Sie sich ansehen sollten. Nehmen Sie solche Hinweise ernst. Die Nachbereitung gehört mit zum Gespräch. Wenn sich dabei herausstellt, dass Sie weiteren Gesprächsbedarf haben, dann vereinbaren Sie einen zweiten Termin.

So gehts

Die Beratungsgespräche sind begehrt, deshalb muss man sich anmelden. Das geht telefonisch unter der zentralen Nummer 01801 555111 (gebührenpflichtig) oder online über die Seite www.arbeitsagentur.de (Bürgerinnen & Bürger → Arbeit und Beruf → Berufswahl → Berufsberatung). Ihren Termin bekommen Sie per Post mitgeteilt. Wegen der großen Nachfrage kann es zu ein paar Wochen Wartezeit kommen. Melden Sie sich also lieber früher als später an.

Ziel

Damit Ihr Beratungsgespräch ein Erfolg wird, sollten Sie sich über das Ziel im Klaren sein. Ziel ist es *nicht,* dass der Berufsberater Ihnen auf einem silbernen Tablett den richtigen Beruf präsentiert. Auch ein Profi kann Ihnen die Wahl nicht abnehmen. Ziel ist es, dass Sie sich durch die Hinweise und Informationen des Beraters in Ihrer Wahl sicherer werden. Schon diese Sicherheit ist sehr viel wert.

Andere Beratungsstellen

Schule

Neben den Arbeitsagenturen beraten natürlich auch andere Stellen. Wie sieht es zum Beispiel bei Ihnen in der Schule aus? Gibt es dort eine feste Beratungsstelle? Oder zumindest regelmäßige Sprechstunden mit einem Berater? Haben Sie vielleicht einen Lehrer, dem Sie es zutrauen, dass er Ihnen weiterhilft? Sprechen Sie diese

Personen ruhig an. Achten Sie nur darauf, dass Sie bei diesen schulischen Beratungen nicht allzu sehr auf schulische Leistungen festgelegt werden. Beruf ist mehr als hochgerechnete Noten.

Jugendeinrichtungen

Vielleicht gibt es in Ihrer Nähe auch Jugendeinrichtungen, die bei der Berufswahl helfen. Gerade Städte haben oft sehr differenzierte Angebote. Hören Sie sich um. Fragen Sie in Ihrer Schule, bei der Stadt, Gemeinde oder Arbeitsagentur, wer alles qualifiziert berät.

IHK, HWK, Hochschulen

Wenn Sie sich schon ein Stück weit festgelegt haben, können Sie sich zum Beispiel an die Industrie- und Handelskammer wenden, an die Handwerkskammer oder an eine Hochschulberatung. Deren Beratungen sind auf ihre jeweilige Zuständigkeit beschränkt. Das heißt: Die Industrie- und Handelskammer berät im Hinblick auf Berufe in Industrie und Handel, die Handwerkskammer berät im Hinblick auf handwerkliche Berufe und die Hochschulberatung berät zum Studium. Die Beratung ist also nicht so allgemein wie die der Arbeitsagentur, dafür aber auf dem speziellen Gebiet umso ausführlicher. Insofern ist sie eine ideale Ergänzung zu einer allgemeinen Beratung. Doppelt hält besser.

Organisatorisches

Die genannten Stellen beraten allesamt kostenlos. Wenn Sie Interesse haben an einer Beratung, rufen Sie die nächstgelegene Stelle an und vereinbaren Sie einen Termin.

Kommerzielle Anbieter

Beratungsindustrie

Die Berufswahl ist ein weites und fruchtbares Feld, auf dem sich auch viele kommerzielle Berater angesiedelt haben. Wenn Sie also mit den oben beschriebenen Beratungsangeboten nicht zufrieden sind, können Sie sich alternativ an einen privaten Berufsberater oder Karrierecoach wenden. Für dessen Beratung wird ein Honorar fällig.

Schwarze Schafe

Die große Auswahl an freien Berufsberatern ist einerseits ein Plus: Wahrscheinlich haben Sie einen direkt vor der Haustür. Sie ist andererseits ein Minus, denn unter den vielen Anbietern sind auch etliche schwarze Schafe. Das Problem ist, dass sich jeder »Berufsberater« oder »Karrierecoach« nennen kann. Man braucht dazu keine besondere Qualifikation. Das ist eine Einladung an diejenigen, die ohne großen Einsatz schnelles Geld machen wollen. An so einen Unqualifizierten sollen Sie natürlich nicht geraten.

Empfehlungen und Recherche

Am ehesten finden Sie einen guten Berater, indem Sie von Empfehlungen ausgehen und selbst recherchieren. Wenn etwa Klassenkameraden erzählen, wer sie toll beraten hat, dann fragen Sie nach. Sehen Sie, was Sie über den Berater im Internet finden. Wie stellt er sich selbst dar? Welche Ausbildung hat er? Welche beruflichen Erfolge kann er nachweisen? Nennt er Referenzen? Bitten Sie Ihre Eltern (die wahrscheinlich ohnehin bezahlen), sich die Sache ebenfalls anzusehen. Rufen Sie den Berater an und erkundigen Sie sich nach dem Vorgehen und den Bedingungen. Wie auskunftsfreudig ist er am Telefon? Wenn sowohl Sie als auch Ihre Eltern einen guten Eindruck haben, dann stehen die Zeichen auf erfolgreiche Beratung.

Tipp

Es gibt einen Zusammenschluss von Berufsberatern, den Deutschen Verband für Bildungs- und Berufsberatung e. V., im Internet unter www.dvb-fachverband.de. Dieser Verband setzt sich für ethische Grundlagen und Qualitätsstandards in der Beratung ein. Berater, die sich diesen Zielen verpflichten, können sich in ein Register aufnehmen lassen, im Internet unter www.bbregister.de. Wenn Sie sich im Verbandsregister durchklicken, beachten Sie bitte Folgendes: Nicht alle guten Berater sind Mitglied im Verband, und nicht alle Verbandsmitglieder sind gut für Sie. Das Register erspart Ihnen nicht die weitere Recherche.

Mitmachen

Einsteigen, mitmachen, auswerten

Mitmachen hat den Reiz, dass Sie nur einzusteigen brauchen. Das ist eine nette Abwechslung zu allem, was Sie selbst in die Wege leiten. Sehen Sie sich an, was es für Mitmach-Angebote gibt, und picken Sie sich diejenigen heraus, von denen Sie sich den meisten Mehrwert versprechen.

Eignungstests

Unterschiedliche Formate

Unter dem Stichwort »Eignungstest« läuft alles Mögliche von viertelstündigen Interessentests bis hin zu vierstündigen Fachtests. Die einen begnügen sich mit einer lapidaren Selbsteinschätzung, die anderen stellen ausgeklügelte fachliche Aufgaben. Dass die Ergebnisse nicht den gleichen Aussagewert haben, ist klar. Test ist eben nicht gleich Test.

Begrenzte Aussagekraft

Das einzige Pauschale, was man über Tests sagen kann, betrifft die Rezeption: Die Ergebnisse sind mit Vorsicht zu genießen. Natürlich ist der Gedanke verführerisch, dass man sich eine Stunde lang hinsetzt, Kreuzchen macht und am Ende weiß, was man mit seinem Leben anfangen soll. Doch so geht das nicht. Bedenken Sie bitte Folgendes:

- Tests fragen immer nur einen Teilbereich ab; im Beruf jedoch geht es ums Ganze. Da sind eben nicht nur Begabungen gefragt, sondern auch Ehrgeiz, Einsatz, Überzeugung und Durchhaltevermögen.
- Die Testsituation an sich erfordert besondere Fähigkeiten. So kommt es bei vielen Tests sehr stark auf die Schnelligkeit an. Im Beruf jedoch spielen diese Fähigkeiten nicht unbedingt eine wesentliche Rolle.
- Die Berufsempfehlungen, die aus den Ergebnissen abgeleitet werden, sind oft unpassend. Sie werden weder der Persönlichkeit der Testperson noch der Vielfalt der Berufslandschaft gerecht.

Wegen dieser Einschränkungen sollten Tests nie die Grundlage einer Berufsentscheidung sein. Sie können Selbsterkenntnis nicht ersetzen, sondern höchstens ein paar Hinweise dazu beitragen.

Abwegige Vorschläge

Schüler berichten immer wieder, dass sie mit der Auswertung Berufe vorgeschlagen bekommen, die sie selbst als abwegig empfinden. Wenn Sie solche abwegigen Vorschläge bekommen, lassen Sie sich dadurch nicht verunsichern. Vertrauen Sie Ihrem Selbstbewusstsein und vergessen Sie das Ergebnis. Trotzdem können Sie zufrieden sein: Sie wissen, was Sie *nicht* wollen, und das ist auch schon etwas wert.

Hier gehts zum Test.

Wenn Sie gerne einen Test machen möchten, prüfen Sie die folgenden Angebote:

- BERUFE-Universum

Das BERUFE-Universum ist ein Selbsterkundungsprogramm auf der Seite www.planet-beruf.de. Hier können vor allem jüngere Schüler im Science-Fiction-Modus ihre Stärken und Interessen herausfinden und bei empfohlenen Ausbildungsberufen landen.

- Borakel

Das Borakel ist ein Online-Beratungstool der Ruhr-Universität Bochum. Darin ist auch ein Test enthalten: »Mein Berufsweg«. Dieser Test dauert etwa zwei Stunden. Er kombiniert Fragebögen und Leistungsaufgaben. Die Rückmeldung bekommen Sie ein paar Minuten nach dem Test. Sie beschreibt Ihre Leistungsmerkmale und gleicht sie mit Studienfächern und Berufsbildern ab. Sie gibt Ihnen außerdem Tipps zum weiteren Vorgehen. Der Borakel-Test wurde von der Stiftung Warentest als sehr gut bewertet und steht allen Interessierten kostenlos zur Verfügung. Googeln Sie einfach »Borakel«, und Sie landen gleich mit den ersten Treffern beim Test.

- Studienfeldbezogene Beratungstests

Die studienfeldbezogenen Beratungstests sind ein Angebot der Arbeitsagentur für Schüler der Sekundarstufe II, die bereits einen Studienwunsch haben. Im Test können sie prüfen, ob der Wunsch tatsächlich ihren Fähigkeiten entspricht.

Es gibt Tests für die Bereiche Naturwissenschaften, Ingenieurwissenschaften, Wirtschaftswissenschaften, Informatik/Mathematik, philologische Studiengänge und Rechtswissenschaften. Sie werden vom Psychologischen Dienst der Arbeitsagentur durchgeführt und dauern etwa zwei bis drei Stunden. Auf Wunsch können die Ergebnisse mit einem Psychologen besprochen werden. Die Tests sind kostenlos.

Weitere Angebote

Die beschriebenen Tests sind nur drei von vielen. Weitere Angebote finden Sie auf dem Deutschen Bildungsserver unter www.bildungsserver.de. Klicken Sie sich dort durch zu den Angeboten für Schüler. Oder googeln Sie gleich »Bildungsserver« und »Eignungstest«. Eine weitere Liste mit Angeboten finden Sie auf der Seite www.ausbildungplus.de. Gehen Sie dort über »Berufswahl« und »Interessen & Fähigkeiten«.

Tipp

Bitte beachten Sie, dass es neben den kostenlosen auch kostenpflichtige Angebote gibt. Also prüfen Sie, bevor Sie loslegen, wie es sich bei dem betreffenden Test verhält. So vermeiden Sie teure Überraschungen.

Workshops und Seminare

Coach und Gruppengeist

Workshops und Seminare zur Berufsfindung sind dann gut für Sie, wenn Sie sich mehr professionelle Anleitung sowie Impulse aus der Gruppe wünschen. Genau das bieten diese Veranstaltungen. Sie können Ihnen helfen, Ihre Gedanken deutlicher herauszuarbeiten.

Unterschiedliche Konzepte

Seminare zur Berufswahl gibt es in den unterschiedlichsten Formaten. Manche gehen über einen halben Tag, andere über mehrere Tage; manche betonen die Information, andere die spielerische Selbstfindung; manche sind für Sie kostenlos, andere kosten richtig viel Geld. Bei diesen großen Unterschieden ist es umso wichtiger, dass Sie sich gründlich informieren. Fragen Sie nach den Rahmenbedingungen, nach dem Inhalt und nach der Methode. Nehmen Sie nur das in Anspruch, was Ihnen als Gesamtpaket zusagt.

Anlaufstellen

Für die Suche nach einer geeigneten Veranstaltung sind drei Ausgangspunkte besonders zu empfehlen: Ihre Schule, die Arbeitsagentur und die nächstgelegene Hochschule. Alle drei Stellen bieten möglicherweise selbst Veranstaltungen an. Ansonsten müssten sie Ihnen zumindest sagen können, wo Sie in der Nähe etwas finden.

Augen auf!

Manchmal brauchen Sie gar nicht lange zu suchen, bis Sie Veranstaltungen finden. Halten Sie einfach das schwarze Brett in der Schule im Blick. Achten Sie auf Aushänge, Plakate und Anzeigen in den Schülermagazinen.

Informationsveranstaltungen

Weniger ist mehr.

Informationsveranstaltungen gibt es wie Sand am Meer; jeder will Ihnen etwas Gutes tun. So informiert mal der Kreisverband einer Partei, mal lädt eine Hochschule zum Infotag, mal stellt sich ein Unternehmen vor, mal legt sich Ihre Schule mächtig ins Zeug. Sie selbst tun sich etwas Gutes, indem Sie erstens die Angebote registrieren und zweitens sorgfältig sortieren, welche davon Sie wahrnehmen. Sehen Sie sich dazu das Programm und die Referenten an. Fragen Sie sich auch, welches Interesse hinter der Veranstaltung steht. Gehen Sie nicht wahllos hin, sondern mit einem Ziel.

Termine und Infos

Veranstaltungen werden in der Regel in der Tagespresse angekündigt, wahrscheinlich auch in der Schule. Wenn die Ankündigung an sich nicht sehr aussagekräftig ist, rufen sie beim Veranstalter an und fragen Sie, was Sie erwarten dürfen.

Messen

Sinn und Zweck

Waren Sie schon einmal auf einer Messe? Messen dienen den Ausstellern dazu, ihre Angebote zu präsentieren; sie dienen den Besuchern dazu, sich zu informieren und Kontakte zu knüpfen. Das alles geht unter einem Dach, ist also sehr praktisch für alle Beteiligten. Man muss nur wissen, wie man es angeht.

Aussteller und Rahmenprogramm

Bei Ausbildungsmessen stellen sich Betriebe, Behörden, Schulen und Hochschulen vor. An den Ständen gibt es Informationsmaterial und – das ist noch wichtiger – Gelegenheit zum Gespräch mit Experten. Das Rahmenprogramm beinhaltet Vorträge und oft auch praktische Hilfen wie Beratungen und Bewerbungstraining. Die großen überregionalen Messen wie »azubi- & studientage« oder »Einstieg Abi« haben lange Ausstellerlisten und ein buntes Infotainment; sie gehen über zwei Tage. Sie können sich das im Internet ansehen unter www.azubitage.de und www.einstieg.com. Die kleineren Messen ziehen nur regionale Aussteller an und können sich kein aufwendiges Drumherum leisten; für die Suche nach einem Ausbildungsplatz vor Ort sind sie dafür umso besser.

Sie als Besucher

Messen werden manchmal von ganzen Schulklassen besucht und von den Schülern vor allem als freier Tag erlebt. Das ist schön wegen des Vergnügens, aber auch schade wegen des entgangenen Gewinns. Den meisten Nutzen haben Sie von einer Messe, wenn Sie sich darauf vorbereiten. Am besten tun Sie Folgendes:

- Sehen Sie sich im Voraus das Ausstellerverzeichnis und das Programm an. Machen Sie sich einen Messeplan.
- Überlegen Sie sich, was Sie im Gespräch mit Experten fragen wollen und was Sie über sich selbst sagen möchten.
- Achten Sie am Messetag auf Ihre Erscheinung. Wer weiß? Vielleicht sprechen Sie mit Ihrem künftigen Arbeitgeber. Sie brauchen sich nicht aufzumotzen und zu verstellen, das würde Ihnen ohnehin niemand abnehmen. Sie sollen nur so auftreten, dass andere sich *gerne* mit Ihnen unterhalten.

Nachbereitung

Einige Ihrer Gespräche werden Sie nach der Messe weiterverfolgen wollen. Deshalb sollten Sie Ihre Gesprächspartner um Visitenkarten bitten. Dann haben Sie den korrekten Namen und alle Kontaktdaten. Sehen Sie sich auch in aller Ruhe das Informationsmaterial an, das Sie mitnehmen. Mit einer solchen Vor- und Nachbereitung ist eine Messe durchaus ergiebig.

Tipp

Viele Termine kriegen Sie mit, indem Sie einfach die Augen offen halten. Aber Sie können noch ein Weiteres tun: regelmäßig in Veranstaltungsdatenbanken schauen. Eine solche Datenbank finden Sie auf der Seite www.arbeitsagentur.de, eine weitere auf der Seite www.studienwahl.de.

Ausprobieren

Spüren, wie es ist

Ausprobieren kann Entscheidungen erheblich beschleunigen. Das liegt am Perspektivenwechsel. Bei jeder anderen Art der Information stehen Sie außen; sobald Sie etwas ausprobieren, sind Sie mittendrin. Sie kriegen mit, wie die Leute ticken, was für ein Ton herrscht und was für ein Wind weht. Sie erfahren am eigenen Leib, wie Ihnen das alles bekommt.

Weil das Ausprobieren so eine starke Wirkung hat, richten viele Firmen und Hochschulen Ihnen eigens die Gelegenheit dazu ein. Abgesehen davon können Sie sich auch selbst Gelegenheiten schaffen. Sehen Sie sich an, wie Sie zum Zuge kommen können.

Schnupperstudium

Organisiertes Studium auf Probe

Das Schnupperstudium ist eine Orientierungshilfe der Hochschulen. Sie öffnen ihre Pforten, damit Sie einen Tag lang Ihr Fach auf Probe studieren können. Sie können dann ganz normale Vorlesungen, Seminare oder Übungen besuchen. Die Professoren und Dozenten stehen Ihnen als Ansprechpartner zur Verfügung, und oft werden Ihnen auch studentische Mentoren zur Seite gestellt. So erleben Sie erstens den Studienalltag und können zweitens sowohl die Lehrenden als auch die Studierenden dazu befragen.

Termine und Infos

Wenn Sie ein solches Studium auf Probe gerne machen möchten, dann schauen Sie auf den Internetseiten der infrage kommenden Hochschulen, ansonsten auf www.studienwahl.de. Erkundigen Sie sich so früh wie möglich, denn manche Programme sind so stark nachgefragt, dass gar nicht alle Interessenten teilnehmen können.

Auf eigene Faust schnuppern

Was Sie im Schnupperstudium in einem organisierten Rahmen erleben, können Sie in ähnlicher Weise selbst herbeiführen. Wahrscheinlich kennen Sie Leute, die studieren. Fragen Sie doch einfach, ob Sie nicht einmal einen Tag mitkommen können. Sie müssen ja nicht bei allem dabei sein, aber die eine oder andere Vorlesung könnten Sie sich mit anhören.

Im kalten Wasser landen

Lassen Sie sich an Ihrem Probetag nicht abschrecken, wenn Sie den Stoff nicht verstehen. Das liegt daran, dass Sie ins kalte Wasser springen; die echten Studierenden dagegen haben sich bereits warmgeschwommen. Deshalb können sie folgen. Wenn Sie regulär studieren, können Sie das auch.

Tipp

Bei der Berufswahl spielen Kontakte eine wichtige Rolle – und das ist nur ein Vorgeschmack auf das spätere Berufsleben. Versuchen Sie also gar nicht erst, alles allein und im Verborgenen durchzuziehen. Das ist eine unnötige Erschwernis. Sprechen Sie andere an und bitten Sie ruhig auch mal um einen Gefallen. Den zahlen Sie dann an anderer Stelle zurück. So funktioniert Netzwerkarbeit. Davon profitieren alle.

Girls' Day, Boys' Day, My Day

Mädchen-Zukunftstag, Jungen-Zukunftstag

Am vierten Donnerstag im April eines jeden Jahres schwärmen Mädchen und Jungen der fünften bis zehnten Klassen aus, um Berufe zu erkunden. Für die Mädchen ist Girls' Day. Sie sollen vor allem solche Berufe kennenlernen, die eher von Männern ausgeübt werden. Für die Jungen ist Boys' Day. Sie sollen an Berufe herangeführt werden, in denen Männer bislang unterrepräsentiert sind.

Ihr Tag

Selbst wenn Sie nicht mehr zu den Girls und Boys der Veranstaltung gehören, so können Sie doch noch von der Idee zehren. Sie können nämlich von sich aus jemanden in einem für Sie interessanten Beruf bitten, ob Sie ihn bei der Arbeit begleiten dürfen. Oder Sie bitten Ihre Eltern, Verwandten oder Bekannten, jemanden für Sie zu fragen. Klar, dieses Mitlaufen geht nicht in allen Berufen und bei allen Tätigkeiten. Aber mit gutem Willen ist doch vieles machbar. Guten Willen erzeugen Sie, indem Sie höflich fragen.

Schnupperpraktikum

Wie im wirklichen Leben

Ein Praktikum ist in den meisten Schulen Pflicht, aber es ist keineswegs auf die Schulpflicht beschränkt. Sie können jederzeit in Eigeninitiative ein Schnupperpraktikum machen. Nutzen Sie diese Möglichkeit. Denn als Praktikant können Sie eintauchen ins Berufsleben *und* schwimmen lernen. Die Erfahrung ist fast wie im richtigen Beruf:

- Sie schreiben eine Bewerbung, um eine Praktikumsstelle zu bekommen.
- Im Praktikum fördern Sie die Tugenden, die von Arbeitnehmern erwartet werden: Pünktlichkeit, Zuverlässigkeit, Umsicht, Freundlichkeit.
- Sie üben sich in Sozialkompetenz: Sie fügen sich in einen Kollegenkreis ein, unterstehen einem Chef und bedienen vielleicht auch Kunden.
- Sie erfüllen Pflichten: Ihnen wurden Aufgaben übertragen, die Sie in einer bestimmten Zeit und ordentlich zu erledigen haben.

Sie sollten sich darüber im Klaren sein, dass all diese Punkte zählen, und sich entsprechend darum bemühen.

Eine Praktikumsstelle finden

Wenn Sie Ihr Praktikum im Rahmen Ihrer Schulzeit machen, wird die Schule Ihnen Betriebe nennen, die Praktikanten nehmen. Sie können aber immer auch selbst etwas suchen. Konzentrieren Sie sich dabei auf die Bereiche, die Ihnen zusagen. So können Sie vorgehen:

- Wenden Sie sich an die Berufsberatung der Arbeitsagentur.
- Besuchen Sie die Praktikumsbörse auf www.studienwahl.de und die Jobbörse auf www.arbeitsagentur.de.
- Wenn Sie einen bestimmten Betrieb im Auge haben, tragen Sie erst Informationen zusammen und rufen Sie dann an der richtigen Stelle an.

Sich überzeugend bewerben

Schreiben Sie Ihre Bewerbung bitte selbst. Profis merken nämlich, ob eine Bewerbung von einem 17-Jährigen stammt oder von Eltern, die tun, als seien sie 17. Gleichwohl sollten Sie Ihre Eltern oder sonst jemanden bitten, Ihre Bewerbung gegenzulesen. Sie soll nämlich a) fehlerfrei sein und b) schön.

Sich auf das Praktikum einlassen

Im Praktikum stellen Sie sich am besten vor, das sei Ihr Beruf, damit verdienten Sie Ihr Geld. Dieser Trick hilft Ihnen, auch langweilige Strecken und stupide Aufgaben zu überstehen. Die gehören immer mit dazu; kein Beruf dieser Welt besteht nur aus Highlights. Wichtig ist, dass Sie trotzdem bei der Stange bleiben.

Das Praktikum reflektieren

Nach dem Praktikum sollten Sie die Erfahrung auswerten, auch dann, wenn Sie keinen Bericht schreiben müssen. Überlegen Sie:

- Hat die Arbeit Ihnen im Großen und Ganzen zugesagt?
- Konnten Sie Ihre Stärken nutzen?
- Waren Ihnen irgendwelche Schwächen im Weg?
- Was haben die Kollegen Ihnen an Kritik mitgegeben?
- Hat Ihnen das Klima gefallen?

Geben Sie – zumindest sich selbst – ehrliche Antworten.

Vom Praktikum zum Beruf

Stellen Sie sich abschließend die Frage: »Wäre das was als Beruf?« Auch wenn die Antwort darauf »Nein« lautet, war das Praktikum ein Erfolg. Es hat Ihnen Klarheit gebracht. Machen Sie ein weiteres Praktikum in einem anderen Bereich, und vielleicht lautet dann die Antwort »Ja«.

Jobben

Geld und Erfahrung

Jobs bessern die Kasse auf. Das ist schon mal ein Vorteil. Dem können Sie einen zweiten Vorteil zur Seite stellen, indem Sie sich einen Job in der Branche suchen, die Sie beruflich anpeilen. Wenn Sie zum Beispiel ans Lehramt denken, können Sie Kinderfreizeiten betreuen. Mit helfenden oder heilenden Berufen im Blick können Sie in einem Krankenhaus oder Pflegeheim jobben. Mit einem grünen Beruf als Ziel können Sie auf einem Hof helfen, in einer Gärtnerei oder Baumschule. Überlegen Sie für sich, an welchen Stellen Sie einen Fuß in die Branche kriegen.

Jobs finden

An einen Nebenjob oder Ferienjob gelangen Sie per Zufall, über Beziehungen oder durch eine systematische Suche.

- Der Zufall ist immer auf Mitarbeit angewiesen. Sie müssen alle Sinne auf Empfang stellen, um mitzukriegen, wo jemand gebraucht wird. Achten Sie auf Annoncen und spitzen Sie die Ohren, wenn von Arbeit die Rede ist.
- Beziehungen haben Sie auf jeden Fall, nicht unbedingt in eine Personalabteilung, aber doch zu Menschen, die ihrerseits wieder Menschen kennen, die Ihnen vielleicht helfen können. Pflegen Sie Ihr Netzwerk.
- Die systematische Suche läuft über die Stellen, die Sie mittlerweile schon kennen: Jobbörsen und Firmenprofile im Internet. Oder greifen Sie zum guten alten Telefonbuch.

Realistisch sein

Im Job selbst sollten Sie immer mit beiden Beinen auf dem Boden bleiben. Es ist ganz klar, dass Sie nicht Gott weiß was für qualifizierte Tätigkeiten ausüben können. Sie *sind* noch nicht qualifiziert; da wollen Sie ja erst noch hin. Aber das mindert nicht den Wert der Erfahrung. Fangen Sie klein an und arbeiten Sie sich hoch. So gehts.

Zu einem guten Ergebnis kommen

Worum es in diesem Kapitel geht

In diesem Kapitel geht es um Ihre Entscheidung. Denn bei aller Selbstanalyse und allen Recherchen wollen Sie ja irgendwann zu einem Ergebnis kommen, und zwar zu einem guten. Nun hat aber jegliches Entscheiden Merkmale an sich, die sich querstellen können. Das führt dann dazu, dass man sich entweder vor dem Entscheiden drückt oder aber mit dem Ergebnis unglücklich ist. Beides muss nicht sein. Lesen Sie, wie Sie systematisch entscheiden, wie Sie Ihre Entscheidung in die Tat umsetzen und wie Sie glücklich und zufrieden damit leben.

Entscheiden

Vorwärts in drei Zügen

Stellen Sie sich das Entscheiden vor wie einen Akt aus mehreren Bewegungen, so wie das Schwimmen zum Beispiel. Zuerst ziehen Sie einen großen Kreis, indem Sie alles zusammentragen, was Sie weiterbringen könnte. Dann verkleinern Sie den Kreis, indem Sie Ihr Material prüfen und sortieren. Schließlich geben Sie sich einen Ruck und sagen zu einer Sache »Ja«.

Sammeln

Auflesen, ordnen, behalten

Sammeln wirkt vorbeugend gegen Ärger. Den hätten Sie nämlich, wenn Sie aus Schusseligkeit etwas verpassten. Also gewöhnen Sie sich daran, das Wichtigste immer gleich festzuhalten. Dazu sind ein Berufswahlheft und Stehsammler gut.

Berufswahlheft

Schreiben macht schlau

Haben Sie in der Schule irgendein Fach, in dem Sie *ohne* Heft auskommen? Na gut, vielleicht Sport. Ansonsten werden Sie Deutschhefte führen, Mathehefte, Englischhefte, das volle Sortiment eben. Dafür gibt es einen guten Grund: Was Sie schriftlich machen, sitzt besser. Schreiben hilft beim Denken, beim Ausarbeiten, beim Verstehen und beim Behalten. Das alles können Sie auch bei der Berufswahl gut gebrauchen. Deshalb lohnt sich ein Berufswahlheft.

Tipp

Ihr Berufswahlheft soll Ihnen gefallen, sodass Sie *gerne* damit arbeiten. Holen Sie sich etwas Schönes: eine Kladde oder einen Ordner in Ihrer Lieblingsfarbe. Geben Sie dem Heft einen Titel. Sorgen Sie dafür, dass es immer greifbar ist. Schreiben Sie regelmäßig das Neueste auf; und lesen Sie regelmäßig, was Sie geschrieben haben. Machen Sie das Heft zu Ihrem ständigen Begleiter. Ihr Berufswahlheft dient zwar in erster Linie der Berufswahl, aber es hat noch einen wichtigen Nebeneffekt: Indem Sie schreiben, verbessern Sie Ihr Schreiben. Und das ist eine Fähigkeit, die sich in *jeder* Art von Ausbildung auszahlt.

Bunt und vertraulich

Ihr Berufswahlheft ist Ihr persönliches Heft, das nur Sie etwas angeht – es sei denn, Sie wollen es jemandem zeigen. Sie brauchen sich also nicht selbst zu zensieren, sondern können alles aufschreiben, was Ihnen in den Sinn kommt. So kann Ihr Heft zu einer bunten Veranstaltung werden. Hier sind ein paar Vorschläge für den Inhalt:

- Gedankenspiele

Alles ausprobieren

Lassen Sie Ihren Gedanken freien Lauf. Spielen Sie Ihre Ideen ruhig mal durch. Wenn Sie zum Beispiel auf die Idee kommen, Lehrer zu werden, könnten Sie Folgendes tun:

Ich als Lehrer …

könnte gut	**könnte nicht so gut**	**hätte die Vorteile**	**und die Nachteile**
Mathe und Physik	schwierige Klassen lenken	sicherer Arbeitsplatz	Gehalt hält sich in Grenzen
Experimente entwerfen	mit den Eltern zurechtkommen	Vielseitigkeit	wenig Entwicklungsmöglichkeiten
anschaulich erklären	zu Hause diszipliniert arbeiten	familienfreundlich	immer nur Schule

Ich als Lehrer ... (Fortsetzung)			
könnte gut	**könnte nicht so gut**	**hätte die Vorteile**	**und die Nachteile**
mich um Nachzügler kümmern	Unterricht exakt vorbereiten	Studium fast überall möglich	kein Urlaub außerhalb der Ferien
gerechte Noten geben			

Laufende Arbeit

Diese Tabelle ist so nicht abgeschlossen. Sie könnten nach Ihrer nächsten Physikstunde darauf zurückkommen und in der ersten Spalte ergänzen »Praxisbezug herstellen«. Genauso könnten Sie sich eine Woche später beim Durchblättern fragen, wie Sie so an Ihrer Disziplin zweifeln konnten. Die scheint Ihnen nun doch zu reichen. Also streichen Sie den Punkt. Streichen und Ergänzen haben in diesem Fall etwas Wesentliches gemeinsam: Sie sind Ausdruck Ihrer fortlaufenden Auseinandersetzung mit der Materie, und die verschafft Ihnen Klarheit.

Kritzeln, malen, kreativ sein

Wenn Sie kein Tabellenmensch sind, können Sie natürlich auch mit anderen Formen arbeiten. Sie können »Ich als Lehrer« in einen Kreis in der Mitte des Blattes setzen und daraus vier farbige Äste mit vielen kleinen Abzweigungen ableiten. Das wäre eine Mindmap. Sie können sich selbst in die Mitte malen und drum herum Gedankenblasen entstehen lassen. Machen Sie das so, wie es Ihnen gefällt. Hauptsache, Sie bringen Ihre Gedanken zu Papier. Dabei kommt Ihr Hirn in die Gänge, und Sie schaffen etwas, worauf Sie jederzeit zurückgreifen können.

Lese- und Gesprächsnotizen

Aussagen auf den Punkt bringen

Sie werden (hoffentlich!) einiges lesen und sich mit verschiedenen Menschen unterhalten. Damit das alles nicht wie Schall und Rauch vergeht, machen Sie sich Notizen. Dabei brauchen Sie nicht jedes Hin und Her wiederzugeben. Es reicht, wenn Sie den Kern einer Aussage treffen. Notizen zu einem Lehrergespräch könnten so aussehen:

Gespräch mit L. am 15. Mai
L. sagt, ich muss dringend mein Deutsch verbessern, wenn ich in einen Büroberuf will. Das will ich auf jeden Fall. Wer übt mit mir? L. will sich nach Nachhilfe umsehen. Wichtig: am 22. Mai nachhaken.

Denkwürdiges mitnehmen

■ Schnipsel

Schnipsel sind Bemerkungen, die Ihnen aus irgendeinem Grunde ins Auge springen. Das können Hinweise auf neue Berufe oder Studiengänge sein, Tipps, die Ihnen gerade gelegen kommen, oder auch Sinnsprüche, die Sie bestärken. Schneiden Sie solche Bemerkungen aus und kleben Sie sie in Ihr Heft. Wer weiß, was Sie daraus machen? Manche Schnipsel werden Sie selbst überraschen.

Schnipsel von Bertolt Brecht
Wer A sagt, der muss nicht B sagen. Er kann auch erkennen, dass a falsch war.

Gedächtnisstützen bauen

■ Termine, Adressen, Ansprechpartner

Schreiben Sie wichtige Daten auf, auch wenn Sie sicher sind, dass Sie sie *nie* vergessen. Denn vor lauter Nicht-vergessen-Wollen vergisst man manchmal den Inhalt. Oder der Inhalt geht im Alltag verschüttet. Nicht so in Ihrem Heft.
Ihr Heft hat außerdem den Vorteil, dass alles an einer Stelle steht. Sie brauchen nicht lange zu überlegen, wo Sie welchen Termin gesehen haben. Sie wissen: Er steht im Heft.

Ordnung schaffen

■ Stehsammler

Stehsammler sind die Pappschuber, in denen man Papierkram aufhebt. Sie können darin Ihre Zeitschriften und Broschüren sammeln. Am besten machen Sie das so: Blättern Sie Ihre Zeitschrift durch und markieren Sie alles, was für Sie interessant ist. Wenn das zum Beispiel ein Artikel über die Tourismusbranche ist, dann schreiben Sie »Tourismusbranche« als Stichwort auf einen kleinen gelben Klebezettel und kleben den als Reiter oben auf die entsprechende

Seite. Dann wandert die Zeitschrift samt Reiter in den Stehsammler. Wenn Sie später erneut über die Tourismusbranche nachdenken, brauchen Sie nur das Heft mit dem Reiter zu ziehen.

Vorteile

Solche kleinen Ordnungskniffe mögen Ihnen pedantisch vorkommen, doch tatsächlich haben sie viele Vorteile:

- Sie halten Ihre Aufmerksamkeit auf der Spur.
- Sie ersparen Ihnen lästiges Suchen und setzen damit Zeit frei für die wirklich spannenden Fragen.
- Sie sind eine gute Vorbereitung für Ausbildung, Studium und Beruf. Denn bei allem, was Sie machen, werden Sie große Mengen Stoff zu bearbeiten haben, und das geht nur mit Ordnung.

Sortieren

Den Kreis enger ziehen

Sortieren heißt, dass Sie nach und nach das Beste auslesen. Das machen Sie natürlich nicht willkürlich, sondern indem Sie sorgfältig die Vor- und Nachteile abwägen. Prüfen Sie erstens jede Möglichkeit für sich und zweitens die Möglichkeiten im Vergleich.

1) Manche Ziele sehen anfangs – solange man noch nicht so viel weiß – ganz gut aus, doch im Verlauf der Recherchen entpuppen sich Merkmale, die man dann doch nicht will. Solche Ziele können Sie aussortieren.
2) Manche Ziele haben zwar an sich nichts Störendes, aber sind doch weniger attraktiv als andere. Diese Ziele werden im Vergleich ausgeschieden.

Soziale Arbeit oder Maschinenbau?
Stellen Sie sich einen jungen Mann vor, der politisch engagiert ist und gerne etwas für eine gelingende Integration tun möchte. Deshalb denkt er darüber nach, Sozialarbeit zu studieren. Gleichzeitig ist er technisch sehr begabt und denkt in Richtung Maschinenbau. So schwankt er hin und her zwischen den Maschinen und dem Sozialen. Beides kann er sich sehr gut vorstellen. Als er das Schwanken selber leid ist, setzt er sich hin und nimmt seine Vorstellungen auseinander. Wie bei einem alten Motor sieht er sich sämtliche Einzelteile an. Und siehe da: Bei der Sozialarbeit sehen sie gut aus, beim Maschinenbau ein bisschen besser.

»Ja« sagen

»Ja« hier heißt »Nein« da

Nach dem Sortieren bleibt ein kleiner Kreis mit lauter gutem Inhalt. Trotzdem können Sie nicht alles machen. Sie müssen eins herausgreifen und sagen: »Ja, das ist es.« Das bedeutet zwangsläufig, dass Sie zu anderem »Nein« sagen. Dieses implizierte Nein ist es, was vielen Menschen beim Entscheiden Schwierigkeiten bereitet. Sie haben Angst, Vorteile zu verspielen. Sie wollen alles haben, und deshalb können sie nichts nehmen. So treten sie ewig auf der Stelle.

Keine Angst

Sie selbst brauchen keine Angst zu haben. Schließlich haben Sie durch Ihre Vorbereitungen – durch Ihr Informieren, Sammeln und Sortieren – dafür gesorgt, dass jetzt nur noch annehmbare Angebote da sind. Es *kann* Ihnen also gar nichts Schlimmes passieren. Sie haben Ihre Sache gut gemacht, also wird es so oder so im Guten weitergehen.

Kuchen essen oder behalten

Dass Sie nicht alle Vorzüge aller Angebote haben können, ist klar. Niemand kann seinen Kuchen essen *und* behalten; beides zu wollen ist unsinnig. So ist nun einmal das Leben. Je eher Sie das anerkennen, desto besser für Sie.

Sie dürfen und Sie können

Vielleicht hilft Ihnen auch dieser Blickwinkel hier: Die Notwendigkeit zu wählen ist gleichzeitig die Freiheit zu gestalten. Durch die Gestaltung verwirklichen Sie sich als Persönlichkeit. Und noch etwas: Mit einer Wahl sind Sie noch lange nicht am Ende; es steht ja bald die nächste an. Sie haben immer wieder von Neuem die Chance, etwas Gutes zu schaffen.

Selbstvertrauen und Mut

Sie brauchen jetzt bloß auf sich selbst zu vertrauen. Alles ist gut, und Sie sagen »Ja« zu dem, was Sie am meisten anspricht. Das ist dann das Ihre, und schon deshalb ist es für Sie etwas ganz Besonders. So behandeln Sie es dann auch.

Zur Tat schreiten

Neues Programm im Kopf

Sobald Sie sich für eine Sache entschieden haben, ändern Sie die Blickrichtung. Sie brauchen jetzt nicht mehr nach allen Seiten Ausschau zu halten, sondern konzentrieren sich ganz auf Ihre Wahl. Die so gut wie möglich in die Tat umzusetzen, das ist Ihre neue Aufgabe. Die erledigen Sie in zwei Schritten: Erst informieren Sie sich, und zwar gründlich; dann bewerben Sie sich. Lesen Sie, worauf es jeweils ankommt.

Informieren

Alles wissen wollen

Was denn noch?, denken Sie jetzt vielleicht. Schließlich haben Sie sich schon informiert, um überhaupt wählen zu können. Das stimmt. Aber wahrscheinlich haben Sie dabei nicht auf die Einzelheiten geschaut. Und genau die sind jetzt zu klären. In dieser Runde wollen Sie *alles* über Ihren auserkorenen Weg wissen.

Kauffrau, aber was für eine?
Eine junge Frau überlegt, ob sie nach der mittleren Reife weiter zur Schule gehen will oder lieber einen kaufmännischen Büroberuf lernt. Sie entscheidet sich schließlich für die Ausbildung. Kaum hat sie entschieden, da tut sich eine ganze Reihe neuer Fragen auf: Was für eine Ausbildung solls denn sein? Bürokauffrau, Kauffrau für Bürokommunikation, Industriekauffrau? Was unterscheidet diese Ausbildungen? Und vor allem: Wo gibt es am ehesten Ausbildungsplätze?

Die Fragen in dieser Runde sind schon sehr spezifisch. Sie betreffen die kleinen Unterschiede, die praktische Abwicklung und die notwendigen Formalitäten. Die sind zwar nicht gerade sexy, gehören aber bei allem mit dazu. Die folgenden Punkte sind eine kleine Hilfestellung zum Fragen:

1) Welche Ausbildungsvariante ist für Sie die beste?
So wie im Beispiel oben gibt es viele ähnliche Ausbildungsgänge. Finden Sie die wesentlichen Unterschiede

heraus. Vergleichen Sie die Abschlüsse. Nehmen Sie das, was Ihnen unter Berücksichtigung aller Umstände am besten passt.

2) Welche Art von Betrieb ist für Sie die beste?
Ein und derselbe Ausbildungsgang kann sehr unterschiedlich ausfallen, je nachdem, wer ihn anbietet. Ein Großunternehmen bildet anders aus als ein kleiner Familienbetrieb; ein Studium mit 50 Mitstreitern geht anders als eins mit 500. Finden Sie so viel wie möglich über die Abläufe heraus und sehen Sie, wo Sie sich am leichtesten einfügen.

3) Wo können und wollen Sie Ihre Ausbildung absolvieren?
Mit dieser Frage werden Sie unter anderem entscheiden müssen, ob Sie bei Ihren Eltern wohnen bleiben oder sich selbstständig machen. Und an dieser Entscheidung hängt ein ganzer Rattenschwanz von Fragen, zum Beispiel die der Finanzierung.

4) Erfüllen Sie alle Voraussetzungen für Ihr Vorhaben?
Gehen Sie Punkt für Punkt die Anforderungen durch. Müssen Sie zum Beispiel ein Praktikum nachweisen? Brauchen Sie besondere Sprachkenntnisse? Einen EU-Führerschein? Solche Bedingungen können Sie nur mit genügend Vorlauf erfüllen.

5) Haben Sie die notwendigen Papiere zusammen?
Der Amtsschimmel schreitet gemächlich und lässt sich auch dann nicht aus der Ruhe bringen, wenn Sie es eilig haben. Prüfen Sie also rechtzeitig, welche Nachweise, Zeugnisse und amtlichen Papiere Sie vorlegen müssen. Bei Auslandsaufenthalten denken Sie an die Visumsbedingungen Ihres Gastlandes.

6) Welche Fristen gelten für das, was Sie vorhaben? Sehr wichtig! Denn eine versäumte Frist kann bedeuten, dass Sie ein ganzes Jahr warten müssen. Und auf die Schnelle eine sinnvolle Alternative zu finden ist auch nicht so leicht.

Im Alleingang weiterfragen

Zusätzlich zu diesen Fragen werden sich aus Ihren persönlichen Verhältnissen noch viele weitere Fragen ergeben. Sie merken schon selbst, wo Klärungsbedarf besteht.

Recherchieren wie gehabt

Bei den Recherchen wenden Sie die bewährte Methode an: Sie verlassen sich nicht auf vage Angaben oder auf Aussagen aus zweiter Hand. *Bewerbungsschluss ist irgendwann im Juli und der Freund meiner Schwester meint, man braucht kein Praktikum mehr* – so etwas ist nicht gut genug. Sie brauchen konkrete und verlässliche Auskünfte und geben keine Ruhe, bis Sie die haben.

Bewerben

Interesse anmelden

Was auch immer Sie vorhaben, Sie werden sich darum bewerben müssen. Denn Interesse, das Sie nicht kundtun, kann nicht berücksichtigt werden. Allerdings haben die Bewerbungen je nach Ziel einen sehr unterschiedlichen Charakter. Bewerbungen um einen Schul- oder Studienplatz sind in der Regel formale Akte; Bewerbungen um einen Ausbildungsplatz dagegen sind Werbung in eigener Sache.

Bewerbung um einen Schul- oder Studienplatz

Fristen und Formulare

An Schulen oder Hochschulen werden Sie als einer von vielen aufgenommen; das Verhältnis ist ziemlich unpersönlich. Entsprechend unpersönlich ist auch schon die Bewerbung. Es kommt in erster Linie darauf an, dass Sie alle Formalitäten einhalten. Sie müssen zur richtigen Zeit an der richtigen Stelle die erforderlichen Angaben machen und die notwendigen Unterlagen einreichen. Wie genau das abläuft, das entnehmen Sie den Angaben der Schule oder Hochschule. Die befolgen Sie bis aufs i-Tüpfelchen, dann kann nichts schiefgehen.

Zulassungsbeschränkungen

Bei zulassungsbeschränkten Fächern gibt es besondere Auswahlverfahren. Auch darüber informieren die Hochschulen. Für einen Studienplatz in einem Fach mit bundesweitem Numerus clausus werden Sie an das Bewerbungsportal der Stiftung für Hochschulzulassung verwiesen, www.hochschulstart.de. Dort bleibt Ihnen nichts anderes übrig, als sämtliche Informationen zu lesen und Schritt für Schritt den Anleitungen zu folgen.
Wo die Hochschulen selbst den Zugang beschränken, können sie auch eigene Verfahren festlegen. So können sie zum Beispiel ein Motivationsschreiben zum Bestandteil der Bewerbung machen. Darin muss der Bewerber überzeugend begründen, warum er ausgerechnet in diesem Studiengang an dieser Hochschule studieren möchte.

Kunst, Musik und Sport

In Kunst, Musik und Sport reicht eine Begründung nicht aus; hier müssen Bewerber *zeigen*, was sie können. Sie legen eine Arbeitsmappe mit eigenen Arbeiten vor, werden zum Vorspiel eingeladen oder nehmen an Sportprüfungen teil. Für diese Eignungsnachweise gelten oft besondere Fristen. Deshalb sollten Sie sich bei Interesse an einem solchen Fach mindestens ein Jahr im Voraus informieren.

Kleinigkeiten zählen

Bei allen Bewerbungen – egal, was sie umfassen – achten Sie bitte darauf, dass alles seine Richtigkeit hat. Prüfen Sie die folgenden Punkte:

- Sind Ihre Angaben vollständig und korrekt?

Haben Sie alle Felder ausgefüllt? Stimmen die Zahlen? Lesen Sie alles, was Sie geschrieben haben, Wort für Wort durch.

- Sind alle notwendigen Nachweise beigefügt?

Arbeiten Sie die Liste der geforderten Nachweise Punkt für Punkt ab. Machen Sie alles genau so, wie es vorgeschrieben ist. Wenn zum Beispiel dasteht »beglaubigte Kopien Ihrer Zeugnisse«, dann reichen nicht beglaubigte Kopien nicht aus.

- Sind die Unterlagen, die Sie per Post versenden, ausreichend frankiert?

Unterfrankierte Briefe kommen ungelesen zu Ihnen zurück. Das ist dann, als hätten Sie sich gar nicht beworben. Ärger hoch zehn! Den ersparen Sie sich, indem Sie wichtige Unterlagen persönlich zur Post bringen. Dann wird die Sendung vor Ihren Augen gewogen, frankiert und auf den Weg gebracht, und Sie wissen, dass Ihre Bewerbung läuft.

Bewerbung um einen Ausbildungsplatz

Persönliche Empfehlung

Eine Bewerbung um einen Ausbildungsplatz ist der erste Schritt zu einem sehr persönlichen Ausbildungsverhältnis, und deshalb soll sie eine persönliche Empfehlung sein. Sie soll den Arbeitgeber davon überzeugen, dass es für ihn vorteilhaft ist, Sie auszubilden. Damit Ihnen diese Überzeugungsarbeit gelingt, gehen Sie am besten folgendermaßen vor:

1) Informieren Sie sich über den Betrieb und die Ausbildungsstelle.

Auf den Empfänger eingehen

Damit Sie keinem Irrtum unterliegen: Sie können *nicht* einen Standardtext entwerfen und den an 50 verschiedene Betriebe schicken. Das wäre keine Bewerbung mehr. Bewerbungen sind immer individuell. Sie sprechen konkret die Bedürfnisse und Wünsche eines Betriebes an. Die gilt es also herauszufinden. Lesen Sie gründlich die Stellenanzeige. Sehen Sie sich den Betrieb im Internet an. Können Sie sich mit diesen Informationen die Ausbildungsstelle in etwa vorstellen? Wenn nicht, dann greifen Sie zum Telefon und erfragen Sie, was Ihnen fehlt.

2) Überlegen Sie, welche Vorteile Sie für den Betrieb mitbringen.

Argumente sammeln

Wenn Sie sich den Betrieb und die Ausbildungsstelle vorstellen können, denken Sie als Nächstes darüber nach, wie Sie mit Ihren besonderen Begabungen in diesen Betrieb passen. Wovon wird der Betrieb besonders profitieren? Was hat er an Ihnen? Die Antwort auf diese Fragen, das ist der Stoff Ihrer Bewerbung.

Sich mit der Textsorte vertraut machen

3) Sehen Sie sich an, wie Bewerbungen aufgezogen werden.

Wenn Sie Ihren Stoff zusammenhaben, kommt die Aufbereitung dran. Vielleicht haben Sie in der Schule geübt, wie man Bewerbungen schreibt. Man sollte dabei die Merkmale der Textsorte berücksichtigen, sonst fällt der Text aus der Rolle – und der Bewerber aus dem Verfahren. Also machen Sie sich spätestens jetzt mit der Textsorte vertraut.

Authentisch sein

4) Entwerfen Sie einen Text, der Ihrem Stand entspricht.

Sie sollen einen guten Eindruck machen, aber Sie sollen sich nicht verstellen. Versuchen Sie gar nicht erst, jemanden darzustellen, der Sie nicht sind. Der Personaler sieht ohnehin, was Ihr Hintergrund ist. Also schreiben Sie mit den Worten, die Sie kennen. Verzichten Sie auf Floskeln. Seien Sie weder großspurig noch unterwürfig. Erklären Sie freundlich, wer Sie sind, was Sie wollen und warum Sie gut an den Ausbildungsplatz passen.

Fehler vermeiden, Format einrichten

5) Bringen Sie Ihren Text in eine gute Form.

Sie setzen Ihren Text auf jeden Fall auf eine DIN-A4-Seite, auch wenn Sie sich online bewerben. Schreiben Sie ihn *nicht* in das E-Mail-Fenster. Wählen Sie eine gut lesbare Schrift und verteilen Sie das Ganze harmonisch über die Seite. Wenn Sie sich bei Schreibweisen nicht sicher sind, schlagen Sie im *Duden* nach. Überprüfen Sie auch die Schreibung der Namen, denn falsche Anreden wirken respektlos. Bauen Sie vollständige Sätze. Betriebe legen Wert darauf, dass Sie schreiben können. Zeigen Sie das!

Stationen aufzählen

6) Schreiben Sie Ihren Lebenslauf.

Schauen Sie sich auch für den Lebenslauf verschiedene Muster an. In der Regel kommt man mit fünf Abschnitten hin: persönliche Daten, schulischer Werdegang, praktische Erfahrung, Kenntnisse und Fertigkeiten, Hobbys. Überprüfen Sie sämtliche Daten anhand Ihrer Unterlagen. Bei den Kenntnissen und Fertigkeiten brauchen Sie sich nicht auf verbriefte Angaben zu beschränken. Wenn Sie zum Beispiel mit Ihren Eltern eine andere Sprache sprechen, haben Sie besondere Sprachkenntnisse – auch ohne Zeugnis.

Gut aussehen

7) Wählen Sie ein angemessenes Bewerbungsfoto. Bewerbungsfotos haben einen großen Einfluss. Niemand erwartet, dass Sie eine Schönheit sind; aber Sie sollen sympathisch wirken. Schließlich wird der künftige Arbeitgeber Sie Tag für Tag um sich haben. Also lassen Sie ein Foto machen, auf dem Sie offen, wach und freundlich aussehen. Und nicht zu vergessen: Es muss dem Arbeitsplatz angemessen sein. Dort wird niemand halb nackt sitzen und auch nicht mit Haaren über den Augen. Das hindert nämlich bei der Arbeit. Zeigen Sie mit Ihrem Foto, dass Sie arbeitstauglich sind.

Gegenlesen lassen

8) Bitten Sie eine andere Person, Ihre Texte zu prüfen. Alle wichtigen Dokumente – und das gilt nicht nur für die Bewerbung – sollte man gegenlesen lassen. Denn vier Augen sehen mehr als zwei Augen. Also suchen Sie sich jemanden, der Ihnen zuverlässig hilft. Vielleicht können Ihre Eltern das machen. Wenn nicht, dann fragen Sie jemanden aus Ihrem Verwandten- oder Bekanntenkreis. Die Person muss Deutsch können, sonst erkennt sie keine Fehler. Und sie muss bereit sein, sich die Zeit zu nehmen. Besprechen Sie die Ergebnisse und führen Sie in aller Ruhe die Korrekturen aus.

Zeugnisse und Praktikumsnachweise

9) Stellen Sie sorgfältig alle Unterlagen zusammen. Anschreiben und Lebenslauf sind nur zwei Bestandteile Ihrer Bewerbung; jetzt kommen noch Ihre Schulzeugnisse hinzu, Praktikumsnachweise und möglicherweise sonstige Bescheinigungen. Fertigen Sie von allem gute Kopien auf weißem Papier. Verschicken Sie niemals ein Original. Legen Sie in Ihrer Mappe das jeweils jüngste Zeugnis obenauf.

Ein Wort zu den Originalen

Alle Ihre Originale gehören fein säuberlich – ungeknickt, ungelocht, unbeschmutzt – in einen Ordner. Und da bleiben Sie auch. Sie geben sie *nicht* heraus. Das gilt auch dann, wenn die Zeit drängt oder wenn Sie fest davon ausgehen, dass Sie die Stelle kriegen. Fertigen Sie genügend Kopien, dann kommen Sie gar nicht erst in Versuchung.

10) Versenden Sie Ihre Bewerbung so, wie der Betrieb es wünscht.

Auf Papier oder online

Als Standard gilt immer noch die Bewerbung auf dem Postweg. Aber davon können die Betriebe natürlich abweichen. Wenn sie in ihrer Anzeige formulieren »Wir freuen uns auf Ihre Bewerbung per E-Mail«, dann nehmen Sie bitte diesen Weg. Dazu müssen Sie Ihre Dokumente einscannen. Fügen Sie alle Dokumente inklusive Anschreiben und Lebenslauf zu einer PDF-Datei zusammen. Für die begleitende E-Mail reichen dann ein paar Zeilen. Aber auch die sollten in aller Form dastehen: mit ordentlicher Anrede, mit vollständigen Sätzen und in der gängigen Groß- und Kleinschreibung. Eine E-Mail an einen Personaler ist keine SMS an den besten Freund.

Tipp

Vielleicht hilft es Ihnen beim Bewerben, wenn Sie einen kleinen perspektivischen Trick anwenden: Versetzen Sie sich in den Betrieb hinein. Tun Sie so, als gehörten Sie schon dazu. Dann würden Sie auch nicht gestelzt reden oder sich aufdonnern bis zur Arbeitsunfähigkeit. Sie würden sich so geben, dass Ihre Kollegen gut und gerne mit Ihnen zusammenarbeiteten. Sie wären interessiert und neugierig und höflich und umgänglich. Bei allem aber wären Sie typisch Sie. Etwas anderes wird gar nicht verlangt.

Gut mit der Entscheidung leben

Lebenskunst

Entscheiden ist eine Sache; die haben Sie gut gemacht. Mit der Entscheidung leben ist eine andere Sache; die erfordert noch einmal besondere Fähigkeiten. Ohne diese Fähigkeiten kann man sich nämlich selbst die beste Entscheidung nachträglich vermiesen. Damit Sie erst gar nicht in dieses Fahrwasser geraten, eignen Sie sich hier ein paar Kunstgriffe an. Mit ein bisschen Lebenskunst können Sie aus Ihrer Wahl das Beste machen und weit über die Berufswahl hinaus auch noch etwas lernen.

Aus Ihrer Wahl das Beste machen

Die Dinge an sich und Ihre Beurteilung der Dinge

Sie können sehr viel im Leben über Ihre Einstellung steuern. Die Dinge an sich haben oft nur ein geringes Gewicht im Vergleich zu dem, was Sie durch Ihre Herangehensweise daraus machen. So ist auch der Weg, den Sie jetzt eingeschlagen haben, nicht in den Sternen vorgezeichnet; wohin die Reise geht, das liegt mit an Ihnen. Hier sind zehn Tipps für unterwegs.

1) Stehen Sie zu Ihrer Wahl.

Sie haben im Voraus genug überlegt; dieses Kapitel ist jetzt abgeschlossen. Es bringt Ihnen nichts, wenn Sie gedanklich zurückhängen und denken, *ach, hätte ich doch ..., ach, wenn ich doch nur ...* Konzentrieren Sie sich lieber auf das aktuelle Kapitel und die Frage, wie Sie darauf aufbauen.

Die unglückliche Dolores, Teil I

Dolores hat im Frühjahr ihr Abitur gemacht und im August eine Ausbildung zur Bankkauffrau angefangen. Jeden Morgen auf dem Weg zur Arbeit denkt sie, ob es nicht doch besser gewesen wäre, BWL zu studieren. Wenn sie in der Sparkasse ankommt, hat sie einen Berg von Zweifeln aufgebaut. Den Arbeitstag verbringt sie damit, diese Zweifel zu bestätigen. Ihren Kollegen geht das ewig Negative mächtig auf den Geist, und nach einiger Zeit lassen sie Dolores links liegen. *Hab ich's doch gewusst*, denkt Dolores, *selbst die Kollegen sind doof. Oh, hätte ich doch nur BWL studiert ...*

2) Lassen Sie sich nicht von anderen beirren.
Egal, was Sie tun im Leben, Sie werden es nie allen recht machen. Es wird immer Menschen geben, die anders gehandelt hätten, die an allem etwas auszusetzen haben und die grundsätzlich alles besser wissen. Das können diese Menschen mit Fug und Recht so sehen, aber lassen *Sie* sich dadurch nicht von Ihrem Weg abbringen. Wenn es Ihnen zu bunt wird mit der Krittelei, können Sie übrigens auch mal das Thema beenden. Sie können sagen: »Danke für den Beitrag, aber mir gefällts, wie es ist.«

Dolores, Teil II
»Kind!«, sagt die Tante, »wie konntest du nur? Du hast Abitur gemacht, und jetzt zählst du Scheine am Schalter. Das ist doch vergeudete Zeit! Wie konnten deine Eltern das zulassen?« Die Tante kennt nur Girokonto und Sparkonto und hat ansonsten mit Banken nichts am Hut. Trotzdem wälzt Dolores sich abends im Bett und denkt, dass die Tante recht hat: Am Schalter zu stehen ist ätzend; als BWLer würde sie in ihrem eigenen Büro sitzen. Womöglich im Chefsessel ...

3) Schauen Sie auf sich und nicht neidisch auf andere.
Der scheele Blick zur Seite ist in dreifacher Hinsicht schädlich: Erstens lenkt er vom eigenen Thema ab; zweitens sieht er bei dem anderen nur, was er sehen will; drittens ignoriert er die Frage des Zusammenpassens. Was für den einen ideal ist, kann für den anderen ein Fiasko sein. Sie sind besser bedient, wenn Sie sich auf Ihr Eigenes konzentrieren. Denn da liegen alle Chancen.

Dolores, Teil III
Dolores' Schulfreundin Felicia ist als Au-pair nach Australien gegangen. Von dort schreibt sie regelmäßig Mails – mit Bildern vom Beach und von lauter coolen Typen. Dass der Hausherr ein ziemliches Ekelpaket ist und das Geld vorne und hinten nicht reicht, das behält sie für sich. *Schlimm genug, dass es so ist*, denkt sie, *aber ich muss es ja nicht noch breittreten.* Dolores derweil vergeht fast vor Neid. *Typisch*, denkt sie, *die hat alles: Sommer, Sonne, Abenteuer. Und ich? Ich habe nichts außer der spießigen Sparkasse.*

4) Tun Sie grundsätzlich Ihr Bestes.
Von nichts kommt nichts – den Spruch kennen Sie. Und jetzt kehren Sie ihn bitte mal um: Von viel Einsatz kommt viel Wirkung. Also knien Sie sich in Ihre Angelegenheiten rein, als könnten Sie einen Preis gewinnen. Machen Sie das auch bei Aufgaben, die erst einmal nicht so spannend scheinen. Durch Ihren Ehrgeiz *werden* sie spannend. Halbherzigkeiten dagegen sind immer langweilig. Und sollten Sie trotz allen Einsatzes doch mal ein Projekt in den Sand setzen, haben Sie immer noch einen Lohn für Ihre Mühen: Sie brauchen sich keine Vorwürfe zu machen. *Sie* haben alles getan; der Rest ist Schicksal.

Dolores, Teil IV
Dolores macht in ihrer Ausbildung bei einem Planspiel mit. Sie hat zwar keine Lust, aber sie muss. Immerhin kann sie sich dezent zurückhalten. Sollen doch die anderen machen, wenn sie eh so kindisch drauf sind. Als das Spiel in die zweite Phase kommt, wird Dolores hellhörig: Irgendwie scheint es doch ganz cool zu sein. Aber leider hat sie den Anschluss verpasst.

5) Würdigen Sie Ihre Erfolge.
Wenn Sie Ihre Erfolge nicht sehen, dann ist das so, als wenn Sie keine hätten. Und das stimmt ja nicht. Sie haben garantiert viele Erfolge. Denn erstens können Sie was, zweitens lernen Sie jeden Tag dazu. Nur sollten Sie nicht erwarten, dass Sie jeden Erfolg als sensationellen Knüller

erleben. Die unauffälligen Fortschritte zählen genauso. Vergegenwärtigen Sie sich Ihre Fortschritte. Freuen Sie sich darüber. Dann kriegen Sie Lust auf mehr.

Dolores, Teil V
Dolores berät eine Kundin zu den verschiedenen Girokonten der Sparkasse. Ihre Ausbilderin beobachtet das und sagt ihr hinterher, sie habe das toll gemacht. Sie sei sehr auf die Kundin eingegangen und habe verständlich erklärt. *Was soll das denn?*, denkt Dolores, *das hätte jeder Hampelmann genauso gemacht.* Sie fühlt sich verhohnepipelt und nicht erfreut. Die Ausbilderin aber hat es ernst gemeint: Nicht alle Auszubildenden können so souverän beraten.

6) Beißen Sie auch mal die Zähne zusammen.
Irgendwann werden Sie im Laufe Ihrer Ausbildung Unannehmlichkeiten erfahren. Die gehören bei allem mit dazu. Das kann ein Fach sein, das Ihnen nicht liegt; eine Hausarbeit, bei der Sie kein Land sehen; eine vermasselte Klausur oder eine grobe Ungerechtigkeit am Arbeitsplatz. Bei all diesen Erfahrungen will man auf Anhieb nur eins: weglaufen und seine Ruhe haben. Aber wirklich davonzulaufen wäre schlecht. All diese Erfahrungen sind dazu da, Ihr Durchhaltevermögen zu stärken. Das ist ein wesentlicher Faktor für Ihren Erfolg.

Dolores, Teil VI
Dolores hat Ärger bei der Arbeit. Denn die Kollegin, mit der sie in der neuen Abteilung zusammenarbeiten soll, ist ein gemeines Biest. Erst erklärt sie nichts, dann tut sie so, als sei Dolores blöd. Um jeden Fehler macht sie ein Mordsbuhei. Und dann gibt sie Dolores die allerdümmsten Aufträge. Zum Üben soll das gut sein; dabei ist es lauter Kram, den sie nicht selbst machen will. Dolores kann diese Person nicht ausstehen. Und sie ist es leid, behandelt zu werden wie der letzte Idiot. Sie überlegt, ob sie die Ausbildung nicht hinschmeißen soll.

7) Gehen Sie gegen Ängste an.
Ängste sind die Vorstellungen, dass Ihnen etwas Schlimmes passiert; das Schlimme daran ist, dass Ängste Sie regelrecht lähmen können. Deshalb lohnt es sich zu fragen, was denn überhaupt so schlimm sein kann. Klar, Sie haben das allgemeine Lebensrisiko. Der Ziegelstein, der vom Dach fällt, kann auch Sie treffen. Doch abgesehen davon sind Sie bestens abgesichert. Sie sind *nie* in Ihrer Existenz bedroht. Zwar kann mal eine Durststrecke kommen, aber dafür sind Sie ausgerüstet. Also bleiben Sie gelassen. Wenn Sie merken, dass Sie immer mehr Zeit damit verbringen, sich Katastrophen auszumalen, schieben Sie Ihren Gedanken einen Riegel vor. Das ist anfangs nicht ganz leicht, aber es geht.

Dolores, Teil VII
Die Sparkasse, in der Dolores ihre Ausbildung macht, wird ihr Filialnetz restrukturieren. Jeder weiß, was das heißt. Und wer es nicht weiß, braucht nur Zeitung zu lesen: Da gibt es einen Sturm der Entrüstung gegen die Filialschließungen. Dolores hat es deutlich vor Augen: eine Landschaft ohne Filialen und sie ohne Arbeit. Ohne Geld. Ohne Auto. Ohne Urlaub. Ohne Freunde. Obwohl ihr die Arbeit vorher immer gestunken hat, ist sie jetzt fix und fertig vor lauter Angst, dass sie die Arbeit verliert.

8) Bleiben Sie flexibel.
Gehen Sie mal davon aus, dass nicht alles im Leben so kommt wie geplant. Vielleicht werden Sie einen Studien- oder Ausbildungsplatz, mit dem Sie fest gerechnet haben, doch nicht kriegen. Oder Sie werden potz Blitz Papa oder Mama. Dann ist es wichtig, dass Sie sich an die neuen Verhältnisse anpassen.
Dazu müssen Sie das Alte loslassen und im Neuen Ihre Vorteile erkennen. Die sind auf jeden Fall da. Das Umorientieren fällt Ihnen umso leichter, je öfter Sie es geübt haben. Das geht auch in kleinen Dingen. Also planen Sie, aber versteifen Sie sich nicht auf Ihre Pläne. Lassen Sie immer genug Luft, um auch noch etwas anderes zu

machen. Das zahlt sich gleich mehrfach aus: Erstens bleiben Sie beweglich, zweitens kriegen Sie mehr mit von der Welt.

Dolores, Teil VIII
Dolores hatte sich überlegt, dass es am besten sei, nach der Ausbildung bei der Sparkasse zu bleiben, möglichst in ihrer Filiale. Sie hätte den Vorteil, alles und jeden zu kennen. Sie wäre sich ihrer Sache sicher und brauchte sich nicht umzustellen. Umzuziehen brauchte sie auch nicht. Die Wachsblume könnte auf der Fensterbank bleiben. Das alles wird durch die Restrukturierung hinfällig. Dolores ist mächtig ungehalten. Sie muss Ihren Hintern heben, und da der an der Stelle festgewachsen ist, tut ihr das richtig weh.

9) Pflegen Sie außer dem beruflichen sonst noch ein Leben.

Das Berufliche ist unbestritten wichtig: Es ernährt Sie, und es nimmt viel Raum ein im Leben. Aber bei aller Wichtigkeit sollte es immer nur ein *Teil* des Lebens sein. Es sollte Familie, Freunde, Hunde, Katzen und Lieblingsbeschäftigungen neben sich haben. Das brauchen Sie für ein gesundes Gleichgewicht.

Wer alles auf die berufliche Karte setzt, lebt ärmlich, denn er verpasst so viel. Er lebt außerdem gefährlich, denn er kann nie entspannen vom Beruf. Diese Anspannung kann sich eines Tages mit einem großen Knall entladen. Peng, dann sind Sie erst mal erledigt. Vermeiden Sie das, indem Sie von vornherein Ihre Interessen streuen. Nehmen Sie sich Zeit für alle Ihre Lieben und für Ihre Vorlieben.

Dolores, Teil IX
Als Dolores noch zur Schule ging, war sie Mitglied in einem Chor, und sie spielte Volleyball. Sie war zwar nirgendwo in der Meisterklasse, aber es war trotzdem schön, dabei zu sein. Mit Beginn ihrer Ausbildung gab Dolores beides auf. Schließlich würde sie von morgens bis abends aus dem Haus sein plus Hausaufgaben aufkriegen. Wo sollte da noch Zeit sein für sonst etwas? Dolores strich alles bis auf die Arbeit. Und die kommt ihr nun zu beiden Ohren raus.

10) Denken Sie daran, dass Ihr Berufsweg Ihre Wahl ist.
Ist Ihnen schon einmal aufgefallen, dass bei uns sehr viel gejammert wird? *Die Arbeit ist zu schwer, das Geld ist zu wenig, die Bedingungen sind unzumutbar, alles zusammen ist kaum auszuhalten.*
Das kann man so sehen, aber die Logik dahinter hat einen Knacks. Denn wenn es wirklich so schlimm wäre, könnte man ja gehen. Niemand zwingt einen, etwas zu tun; man sucht es sich aus. Und solange man bei einer Sache bleibt, muss sie wohl auch noch irgendetwas Gutes an sich haben. Dieser Gedanke hat etwas ungeheuer Befreiendes: Sie sind *nicht* in Ihren Umständen gefangen, Sie wählen Ihre Umstände.

Dolores, Teil X
Manchmal vor dem Einschlafen wird es Dolores ganz mulmig zumute. Irgendwie hatte sie sich ihr Leben ja auch einmal anders vorgestellt – mit etwas mehr Pep. So ein bisschen Spaß und Spannung hier und da. Aber jetzt ist es halt so und wird wohl auch so bleiben. Da kann man nichts machen. Dolores rechnet sich hoch von 19 auf 90 Jahre und fällt in einen rabenschwarzen Schlaf. Dabei ist sie jung genug für bunte Träume, die noch in Erfüllung gehen können – wenn Dolores mit Entschlossenheit und Zielstrebigkeit dafür sorgt.

Aus der Erfahrung lernen

Rückblick und Ausblick

Wenn Sie bis hierhin gelangt sind, können Sie sich auf ein kleines Podest stellen und stolz auf sich sein. Denn Sie haben viel geleistet. Sehen Sie es mal so:

1) Sie haben Verantwortung übernommen.

Mut zu handeln

Das ist bei Weitem nicht selbstverständlich. Viele Menschen sehen die Verantwortung grundsätzlich lieber bei anderen. Dann haben sie nämlich gleich einen Schuldigen, wenn etwas schiefgeht. Man braucht Mut, um zu sagen »Das mache *ich*«.

Ausdauer und Standhaftigkeit

2) Sie haben Umsicht und Sorgfalt bewiesen.
Umsicht heißt, dass man in alle Richtungen schaut. Sorgfalt heißt, dass man auch zwei- oder dreimal schaut. Beides zusammen bedeutet einigen Zeitaufwand. Man könnte auch sehr viel schneller fertig sein. Diese Verführung ist da. Aber Sie waren standhaft genug, ihr nicht nachzugeben.

Klugheit und Mäßigung

3) Sie haben immer wieder die goldene Mitte gefunden.
Das ist bei der Berufswahl vielleicht das Allerschwierigste, denn sie verlangt so manchen Spagat.

- Man soll die Berufswahl ernst nehmen, gleichzeitig soll man sie gelassen angehen. Denn *alles* hat man sowieso nicht in der Hand.
- Man soll fest auf dem Boden der Tatsachen stehen, gleichzeitig soll man sich eine Zukunft ausmalen.
- Man soll umfassend planen, gleichzeitig soll man bereit sein zu improvisieren.

Neigt man sich zu weit in die eine oder andere Richtung, dann kann die Sache kippen; gute Ergebnisse kriegt man nur im Gleichgewicht.

Schritt für Schritt weiter so

Mit diesen Leistungen haben Sie – unabhängig von Ihrem gewählten Weg – einen guten ersten Schritt ins Berufsleben getan. Sie haben viel gelernt. Nehmen Sie das mit und machen Sie weiter so.

Wissen, wo es was gibt

Worum es in diesem Kapitel geht

Dieses Kapitel lichtet das Dickicht der Informationen.

- Es trifft eine Auslese der wichtigsten Informationsquellen.
- Es stellt sie in eine sinnvolle Ordnung.
- Es nennt ihre wesentlichen Merkmale.

Sie brauchen also nicht groß zu suchen, und Sie brauchen auch keine Sorge zu haben, dass Sie etwas verpassen. Hier haben Sie die wichtigsten Anlaufstellen im Überblick. Die Ordnung im Kapitel ist dreigeteilt: Es geht zunächst um die Berufsinformationszentren, dann um gedrucktes Material und schließlich um Adressen im Internet.

BiZ

Berufsinformationszentren

»BiZ« steht für »Berufsinformationszentrum« und ist eine Einrichtung der Bundesagentur für Arbeit. Sie können sich ein BiZ vorstellen wie eine Multimedia-Bibliothek zu den Themen Ausbildung, Arbeit und Beruf. Auch wenn Sie sonst nicht so bibliothekserfahren sind, brauchen Sie hier keine Bedenken zu haben: In einem BiZ findet sich *jeder* zurecht. Und außerdem gibt es Personal, das gerne weiterhilft.

Was das BiZ bietet

In Berufsinformationszentren finden Sie Berufliches auf allen Kanälen:

- Computerarbeitsplätze

An den Computerarbeitsplätzen können Sie die Online-Angebote der Arbeitsagentur nutzen und auch auf anderen Internetseiten recherchieren. Ihr Vorteil: Sie sind dabei nicht abgelenkt und Sie haben gleich das entsprechende Printmaterial parat.

- Informationsmappen

In den Informationsmappen sind Berufsfelder und einzelne Berufe für Sie aufbereitet, und zwar in Bild und Text und mit allem Drum und Dran. Sie können sich einfach nur inspirieren lassen, aber auch gründlich informieren.

- Zeitschriften und Informationsbroschüren zum Mitnehmen

Im BiZ liegen sämtliche Zeitschriften aus, die von der Bundesagentur für Arbeit herausgegeben werden, und einige andere mehr. Stellen Sie sich ein Sortiment nach Ihrem Interesse zusammen. Beachten Sie bitte auch die Ständer mit den Informationsbroschüren. Das Schöne an diesen Broschüren ist, dass sie im griffigen Format genau ein Thema darstellen. So können Sie das Thema in die Hosentasche stecken oder zwischen zwei Buchseiten legen.

- Terminhinweise und Programmhefte

Das BiZ weist auf einschlägige Veranstaltungen hin und bietet selbst welche an. Achten Sie auf das schwarze Brett und auf Plakate und nehmen Sie sich Programmhefte mit.

Wie das BiZ wirkt

Die Punkte, die das BiZ bietet, könnten Sie sich einzeln auch irgendwo anders zusammenlesen. Der Clou beim BiZ ist, dass Sie alles zusammen haben. Sie tauchen sozusagen in das Thema ein, und irgendetwas wird dabei hängen bleiben. Das heißt: Ein Besuch im BiZ lohnt sich immer. Nehmen Sie erstens genug Zeit mit und zweitens einen Rucksack für das Mitnehm-Material.

Wo das nächste BiZ ist

Berufsinformationszentren gibt es in den größeren Arbeitsagenturen, nicht in den kleinen Geschäftsstellen. Das für Sie nächstgelegene BiZ finden Sie mit einem Anruf unter der zentralen Servicenummer 01801 555 111 (gebührenpflichtig) oder mit einem Klick auf www.arbeitsagentur.de.

Print

Greifbare Ergebnisse

Gedrucktes Material mag einen schweren Stand haben, wenn Sie es in Konkurrenz zum Internet sehen. Dabei ist das gar nicht im Sinne des Erfinders; betrachten Sie es lieber als Ergänzung. In Büchern und Zeitschriften können Sie schmökern, blättern, Stellen markieren und Notizen machen. Das alles geht im Liegen, im Sitzen, drinnen, draußen, ohne technische Voraussetzungen. Das gedruckte Wort ist einfach genial. Legen Sie sich eine kleine Sammlung an, dann wird Ihre Berufswahl greifbar.

Grundausstattung

Unbedingt besorgen

Es gibt zwei Bücher, an denen bei der Berufswahl kein Weg vorbeiführt. Sie werden von der Bundesagentur für Arbeit herausgegeben, jährlich aktualisiert und kostenlos an die Abschlussjahrgänge der Schulen verteilt. In Einzelexemplaren sind sie über die Arbeitsagenturen erhältlich. Gemeint sind die folgenden Titel:

- »Beruf aktuell: Lexikon der Ausbildungsberufe«

Für alle, die eine Ausbildung machen wollen

»Beruf aktuell« enthält Kurzbeschreibungen aller anerkannten Ausbildungsberufe. Im ersten und größten Teil sind die Berufe alphabetisch vorgestellt; im zweiten Teil können Sie in Berufsfeldern nach verwandten Berufen suchen. Das ist ein sinnvolles System, weil Sie dadurch auch Alternativen sehen. Am Ende des Buches gibt es noch allgemeine Infos über Berufswahl und Berufsausbildung.

- »Studien- & Berufswahl«

Für Leute mit Hochschulreife

»Studien- & Berufswahl« ist der offizielle Studienführer für Deutschland; er beschreibt sämtliche Studiengänge und gibt an, wo man sie studieren kann. Er enthält außerdem Informationen über ausgewählte Berufsausbildungen und Überbrückungsmöglichkeiten sowie einen umfangreichen Adressteil. Damit bietet er Ihnen eine breite Grundlage für alle weiteren Erkundungen.

Spezielles zur Berufsausbildung

Wenn Sie sich für eine Berufsausbildung entschieden haben, sind die folgenden Schriften interessant für Sie:

- »Jo B. Das Job-Lexikon«

Bei Bedarf nachschlagen

Dieses kleine Lexikon erklärt Begriffe rund um Ausbildung und Beruf. Hier können Sie alles, was Sie schon mal irgendwo gehört haben und ungefähr wissen, nachschlagen und klären. Stichworte sind zum Beispiel »Ärztliche Untersuchungen«, »Kindergeld« oder »Urlaub«. Das

Lexikon nennt außerdem weitere Veröffentlichungen und Adressen, die Sie gut gebrauchen können. Bestellen Sie »Jo B.« kostenlos beim Bundesministerium für Arbeit und Soziales (www.bmas.de).

- »Ausbildung & Beruf: Rechte und Pflichten während der Berufsausbildung«

Rechte und Pflichten kennen

Diese Broschüre klärt Sie über Ihre Rechte und Pflichten als Azubi auf, angefangen bei der Eignung des Ausbildungsplatzes bis hin zur Kündigung. Sie enthält die Rechtsgrundlagen und einen Serviceteil mit Ausbildungsvertragsmuster und vielen Adressen. Über all diese Dinge sollten Sie Bescheid wissen, damit Ihnen niemand ein X für ein U vormachen kann. Bestellen Sie die Broschüre kostenlos über das Bundesministerium für Bildung und Forschung (www.bmbf.de).

- »DUDEN: Bewerben für die Ausbildung«

Sich erfolgreich bewerben

Dieser Band begleitet Sie durch das Bewerbungsverfahren: von der Suche nach dem passenden Ausbildungsplatz über die schriftliche Bewerbung, den Einstellungstest und das Vorstellungsgespräch bis hin zum Ausbildungsvertrag. Die beigefügte CD-ROM enthält Vorlagen und einen Test zur Selbsteinschätzung. Dieses Buch gibt es im Buchhandel und wahrscheinlich auch in Ihrer nächsten Bibliothek.

Magazine

Immer gut für Ideen

Magazine sind eine bunte Mischung von Inhalten, informativ und unterhaltsam zugleich. Man blättert, schaut Bildchen an, und irgendwann stößt man auf genau die richtige Info: Die Idee zündet, und es geht einem ein Licht auf. So funktioniert das. Und das ist ein guter Grund, sich die folgenden Magazine, die es allesamt umsonst gibt, mitzunehmen und anzusehen.

- »planet-beruf.de: Mein Start in die Ausbildung«

Für Schüler bis zur 10. Klasse

Dieses Heft richtet sich an Jugendliche bis zur zehnten Klasse. Es wird von der Bundesagentur für Arbeit herausgegeben, kommt aber überhaupt nicht amtlich daher. Im Gegenteil: Es enthält Erfahrungsberichte von jungen Leuten, Interviews mit Promis und viele gute Tipps. Es erscheint sechsmal im Jahr, wird über Schulen verteilt und liegt in den Berufsinformationszentren aus.

- »abi: dein Weg in Studium und Beruf«

Für Schüler ab der 11. Klasse

Das abi-Magazin wird ebenfalls von der Bundesagentur für Arbeit herausgegeben, und zwar für Schüler der Sekundarstufe II. Jede Ausgabe hat die Sektionen »lernen« und »arbeiten« sowie ein zentrales Thema, zum Beispiel das Praktikum oder Kind und Karriere. Das Heft erscheint sechsmal im Jahr und ist über Schulen und Berufsinformationszentren erhältlich.

- »audimax Reifeprüfung«

Für Schüler zwischen 17 und 21

Dieses Abiturientenmagazin wird von audimax Medien gemacht. Es hilft Ihnen auf dem letzten Stück Weg vor dem Abi und informiert Sie über Ihre vielen Möglichkeiten danach. Es erscheint dreimal im Jahr und liegt kostenlos an Schulen aus.

- »Unicum Abi«

Infotainment für angehende Abiturienten

»Unicum Abi« ist das Schülermagazin des Unicum Verlags. Es behandelt schulische Themen und die große Zukunftsfrage. Zu beidem gibt es unterhaltsame Berichte und Interviews und auch praktische Hinweise. Das Ganze wird zehnmal im Jahr produziert und liegt in Schulen und Berufsinformationszentren aus und mancherorts sogar im Kino.

Netz

Die Informationen im Netz sind so vielfältig, dass ohne Plan gar nichts geht. Hier ist einer:

1) Erste Adresse
2) Orientierung
3) Bildung allgemein
4) Berufsausbildung
5) Studium
6) Duales Studium
7) Auszeit

Erste Adresse

Der größte Dienstleister am Arbeitsmarkt

Die erste Adresse bei der Berufswahl ist ganz klar die Bundesagentur für Arbeit. Die hat den öffentlichen Auftrag, Menschen in Lohn und Brot zu bringen, und pflegt zu diesem Zweck diverse Online-Angebote. Sie sind gut gemacht und immer auf dem neuesten Stand.

- www.arbeitsagentur.de

Zentrale Anlaufstelle

Das ist die zentrale Seite der Arbeitsagentur. Hier ist für Sie die Rubrik »Bürgerinnen & Bürger« interessant. Außerdem haben Sie von hier aus Zugang zu allen Datenbanken und zur Jobbörse. Die vermittelt übrigens auch Praktikumsplätze und Ausbildungsstellen.

- www.berufenet.arbeitsagentur.de

Datenbank der Berufe

BERUFENET informiert über mehr als 3 000 Berufe. Die Informationen reichen von der Tätigkeit über Ausbildung und Verdienst bis hin zu den rechtlichen Regelungen. Da alle Berufe nach ein und demselben Muster aufgeschlüsselt sind, werden Sie sich nach drei Suchen bestens auskennen. Dann können Sie immer schnell nachsehen, wie es sich mit einem Beruf verhält.

- www.kursnet.arbeitsagentur.de

Datenbank der Aus- und Weiterbildungsangebote

KURSNET ist mit über 400 000 Angeboten die größte Aus- und Weiterbildungsdatenbank in Deutschland. Sie geben Ihr Bildungsziel, den Bildungsbereich und den Veranstaltungsort ein und bekommen im Ergebnis Ihre Möglichkeiten gezeigt. So können Sie zum Beispiel Berufsfachschulen für die schulische Berufsausbildung suchen.

Orientierung

Unter den Portalen, die der Orientierung dienen, sind die der Bundesagentur für Arbeit besonders zu empfehlen. Hier sind sie:

- www.planet-beruf.de

Für die Jüngeren

Das Portal planet-beruf.de ist Teil des Medienpakets für Schüler bis zur zehnten Klasse. Die Seite ist poppig bunt und lädt zum Mitmachen ein. Im BERUFE-Universum etwa können Sie Ihre Persönlichkeit erkunden. Sie können ein Bewerbungstraining machen oder sich mit Quizfragen vergnügen.

Für die Älteren

■ www.abi.de

Das Portal abi.de gehört zur Medienkombination für Schüler in der Oberstufe. Es ist sehr umfassend angelegt: von der Orientierung über Studium, Ausbildung, Bewerbung und Arbeitsmarkt bis hin zur Gestaltung der Karriere. Die Inhalte werden abwechslungsreich präsentiert und sind zudem gut verlinkt.

Bildung allgemein

Meta-Server Bildung

Es gibt eine Adresse, die sämtliche Bildungsinformationen im Netz – von der Vorschule bis zur Erwachsenenbildung – sammelt und systematisiert. Das ist der Deutsche Bildungsserver.

■ www.bildungsserver.de

Der Deutsche Bildungsserver ist ein Gemeinschaftsprojekt der Länder und des Bundes. Er weist Ihnen den Weg zu bildungsrelevanten Inhalten im Netz. Klicken Sie zum Beispiel auf die Themen »Berufliche Bildung« oder »Hochschulbildung«, und Sie bekommen nach Unterthemen sortiert alle wesentlichen Links gezeigt. Vom Deutschen Bildungsserver gelangen Sie auch auf die einzelnen Landesbildungsserver. Dort spiegelt sich die Bildungspolitik der Bundesländer.

Berufsausbildung

Solange Sie noch generell über eine Berufsausbildung nachdenken, können die unten genannten Adressen Ihnen helfen. Wenn Sie sich erst einmal für einen bestimmten Beruf entschieden haben, besuchen Sie berufsnahe Seiten, etwa die der Innung, der Handwerkskammer oder der Industrie- und Handelskammer.

■ www.bibb.de

Verzeichnis aller Berufe

Diese Seite ist ein Service des Bundesinstituts für Berufsbildung (BIBB). Für Sie dürfte besonders die Rubrik »Berufe« interessant sein, denn hier können Sie nach unterschiedlichen Suchkriterien alle anerkannten Ausbildungsberufe aufrufen.

Berufe persönlich vorgestellt

- www.beroobi.de

Diese Seite ist ein Projekt von Schulen ans Netz e. V. – und genial gemacht. Hier werden nämlich Berufe von jungen Leuten vorgestellt, die sie ausüben. Sie können die Leute interviewen und durch den Arbeitstag begleiten. Dadurch bekommen Sie einen guten Einblick in die dargestellten Berufe.

Studium

Zum Einstieg ins Thema Studium und für allgemeine Informationen empfehlen sich die Adressen, die unten genannt werden. Wenn Sie erst einmal Ihre Wahl eingegrenzt haben, gehen Sie auf die Seiten der entsprechenden Hochschulen. Die haben ein Herz für Studieninteressierte und für Studienanfänger.

Studieren von A bis Z

- www.studienwahl.de

Dieses Portal ist die Online-Version zu dem Studienführer »Studien- & Berufswahl«. Es verzeichnet sämtliche Studiengänge in Deutschland; per »Finder« können Sie sich den passenden heraussuchen. Das Portal bietet außerdem Orientierungshilfen, News, Terminhinweise und jeweils ein Thema des Monats.

Wegweiser zu Hochschulen und Studiengängen

- www.hochschulkompass.de

Der Hochschulkompass ist ein Service der Hochschulrektorenkonferenz. Er zeigt Ihnen alle staatlichen und staatlich anerkannten Hochschulen in Deutschland, außerdem alle Studiengänge, die dort angeboten werden.

Beratungsnetzwerk

- www.wege-ins-studium.de

Dieses Portal ist der Sternpunkt verschiedener Institutionen, die alle irgendwie mit Studienangelegenheiten zu tun haben. Hier bringen sie ihre Beratungskompetenzen zusammen. Der Vorteil für Sie: Über den Stern landen Sie immer bei dem Netzwerkpartner, der für die Information am besten qualifiziert ist.

Die praktische Seite des Studiums

- www.studentenwerke.de

Das ist die Seite des Deutschen Studentenwerks. Hier finden Sie Antworten, wenn Sie an die praktischen Fragen des Studierens denken, zum Beispiel ans Wohnen oder ans liebe Geld.

Studieren machbar machen – für alle

■ www.arbeiterkind.de

Wenn Sie aus einer Familie kommen, in der noch nie jemand studiert hat, denken Sie vielleicht erst mal gar nicht ans Studieren. Arbeiterkinder studieren viel seltener als Akademikerkinder, obwohl sie ja beileibe nicht dümmer sind. Genau dagegen will die Initiative ArbeiterKind.de etwas tun. Sehen Sie sich die Hilfestellungen auf der Website an.

Duales Studium

Kombipack

Duales Studium heißt Studium plus Ausbildung. Dazu gibt es eine zentrale Anlaufstelle und darüber hinaus viele Infos, die sich auf einzelne Bundesländer beziehen. Die finden Sie, indem Sie »duales Studium« plus Bundesland googeln.

■ www.ausbildungplus.de

Bundesweite Angebote

AusbildungPlus ist ein Projekt des Bundesinstituts für Berufsbildung und erste Adresse fürs duale Studium. Es stellt alle möglichen Kombimodelle vor und pflegt außerdem eine Datenbank mit sämtlichen Angeboten. Die Angebote werden detailliert beschrieben: mit Lehrinhalten, zeitlichem Ablauf, Kooperationsbetrieben und Ansprechpartnern.

Auszeit

Wenn Sie zwischen Schule und Beruf eine Auszeit einlegen möchten, schauen Sie bei den folgenden Adressen vorbei. Da kriegen Sie Ideen und handfeste Infos.

■ www.pro-fsj.de

Freiwilliges soziales Jahr

Diese Seite ist ein Service des Bundesarbeitskreises Freiwilliges Soziales Jahr. Das ist der Zusammenschluss der freien Trägerverbände. Die Seite informiert über alle Fragen rund um das FSJ und zeigt alphabetisch, nach Bundesland oder nach Trägergruppen, wer das FSJ anbietet.

■ www.foej.de

Freiwilliges ökologisches Jahr

Auf dieser Seite bündelt der Bundesarbeitskreis FÖJ seine Informationen zum freiwilligen ökologischen Jahr. Sie können sich die Träger nach Bundesland anzeigen lassen, außerdem Auslandsdienste und Ökojobs.

Bundesfreiwilligen-dienst

■ www.bundesfreiwilligendienst.de

Unter dieser Adresse informiert das zuständige Bundesministerium für Familie, Senioren, Frauen und Jugend über den Bundesfreiwilligendienst. In einer Platzbörse können Sie gleich auch nachschauen, wo Bufdis gebraucht werden.

Freiwillig zur Bundeswehr

■ www.bundeswehr.de

Die Bundeswehr zieht keine Wehrpflichtigen mehr ein, sondern nur noch Freiwillige. Wie der freiwillige Wehrdienst aussieht, steht auf dieser Seite, und zwar in der Rubrik »Jugend & Karriere«.

Freiwilligendienste im Ausland

■ www.go4europe.de

Dieses Portal gehört zu einem EU-Programm, das die europäische Verständigung fördert. Es erschließt Ihnen Wege zum Freiwilligendienst in anderen europäischen Ländern. Dazu beantwortet es Fragen rund um den Europäischen Freiwilligendienst, und es bietet Zugang zu der EU-Datenbank mit den Entsendeorganisationen und den Aufnahmeprojekten.

Verschiedene Wege ins Ausland

■ www.rausvonzuhaus.de

Diese Seite macht es schwer, zu Hause zu bleiben. Sie zeigt nämlich, wie viele Möglichkeiten es gibt, andere Länder kennenzulernen. Sie stellt die verschiedenen Programmarten vor – von Au-pair über Ferienfreizeit bis zu Studium im Ausland – und unterhält eine Programmdatenbank. Die Seite ist ein Service der Fachstelle für Internationale Jugendarbeit der Bundesrepublik Deutschland e. V. (IJAB).

Au-pair-Aufenthalte

■ www.guetegemeinschaft-aupair.de

Hinter dieser Seite steht die Gütegemeinschaft Au pair e. V. Das ist der Zusammenschluss von Au-pair-Organisationen und -Agenturen, die sich für transparente Verhältnisse einsetzen und diese auch kontrollieren lassen.

Ausbildung, Studium, Arbeit im Ausland

■ www.ba-auslandsvermittlung.de

Unter dieser Adresse präsentiert die Zentrale Auslands- und Fachvermittlung (ZAV) der Bundesagentur für Arbeit ihre Dienstleistungen. Hier können Sie sich über Ausbildung, Praktikum, Job oder Studium im Ausland informieren.

Register

C

D

E

F

G

H

I

T

U

V

W

Z